대학벌곡 vs 대학별곡
　－　포항공대 이야기

대학벌곡 vs 대학별곡
大學罰哭   大學別曲
— 포항공대 이야기

2022년 8월 19일 처음 펴냄

지은이 | 권오대
펴낸이 | 김영호
펴낸곳 | 도서출판 동연
등   록 | 제1-1383호(1992년 6월 12일)
주   소 | 서울시 마포구 월드컵로 163-3
전   화 | (02) 335-2630
팩   스 | (02) 335-2640
이메일 | yh4321@gmail.com
블로그 | https://www.facebook.com/dypress

ISBN 978-89-6447-799-1 03040

대_大학_學벌_罰곡_哭
대_大학_學별_別곡_曲

포 항 공 대 이 야 기

권오대 씀

동연

머리말

국립대 총장들이 3월 30일 오후 서울 여의도 G호텔에서 대통령직인수위원회(인수위)에 서울대 수준으로 지역거점대학을 육성하자는 (경희대 김종영 교수의) 국립대학법 제안은 '서울대 10개 만들기'로 요약된다. 현재 서울대의 3분의 1 수준인 '거점 국립대' 학생 1인당 교육비를 끌어올려달라는 것이다.

한편 '임윤찬 신드롬'의 토네이도가 강타했다. 최근 미 텍사스에서 60회 반 클라이번 콩쿠르 역사상 18세 최연소 금메달 수상자로 등극한 것이다. 약 45분간 라흐마니노프 3번, 임윤찬의 열연, 미국의 당대 거장 여성 지휘자 마린 알소프마저 울렸다. 한참을 기립한 많은 청중들도 환호하며 감동의 눈물을 흘리며 전 세계를 비롯하여 한국의 음악 애호가들도 격한 감동에 젖었다.

매년 10월이면 우리가 그렇게 기다리는 노벨과학상 수상자는 나타나지 않고 우리의 대학들은 조용한데. 과학은 아니지만 갑자기 음악의 천재별이 탄생하는 천둥이 한국인의 심장을 흔들었다.

거점 국립대를 연구 중심 대학으로 육성해야 한다고 총장들이 주장하는 반면 "대학들이 쓰러지고 있다. 춘삼월 벚꽃 지는 남풍을 타고…"라는 넋두리는 지방 사립대학(지/사/대)들이 벚꽃 피는 순서대로 진다는, 감동 아닌 비명이다. 연구 중심 대학이란 무엇인가? 절규하는 지방 사립대학(지/사/대)들은 언감생심 죽기만을 기다리라는 것인가?

이 글은 지방 사립대학(지/사/대)인 포항공대 이야기이다. 거점 국립대는 아니지만 지방 사립대학 포항공대가 연구 중심 대학으로 "거점 지/사/대"가 되는 역사의 기록이다.

대학들이 가장 활발한 땅 미국의 예를 잠시 훑어보자. 동부의 Ivy league 명문대들(Yale U., Harvard U., Dartmouth Col., Cornell U., Columbia U., Princeton U., MIT, Duke U., Georgetown U., U. Penn.)과 중부(U. of Chicago, Rice U., Northwestern U., U of Notre Dame, Vanderbilt U., Wash. U. in St. Louis), 서부(Stanford U., CalTech, U. S. Cal.) 등의 명문사립대학이다(미국 텍사스주 휴스턴, 라이스대학교의 탄생과 발전을 끝의 첨부 자료/부록에서 간략히 명시한다).

우리의 국립대에 해당하는 주립대학들은 Cal. 대학들로 U. Cal. (Berkeley; Santa Barbara), UCLA 이외 몇 군데 주립대들이 산재하고, 중부에는 일리노이 주립대, 오하이오 주립대, 동부로는 뉴욕 주립대들, Penn. 주립대, N. Carol. 주립대 등이 산재한다.

위의 의미는 미국의 경우 주립대보다는 명문 사립대들이 더욱 활발함을 주목하게 되는데, 10대 선진국에 진입한 우리 경우도 교육 제도에 대한 사회적 인식의 대전환이 필요하며 '줄 세우기' 교육 망령의 고리를 과감히 끊고, 우리의 교육 '백년지대계'를 정립, 실천할 때다.

終身之計 莫如植人也 종신지계 막여식인야
일생의 계획으로는 사람을 심는 것과 같다.
_ 관중

곡식은 매년 심고, 나무는 10년이면 크게 얻는데, 사람은 중요한 평생교육으로 나라 발전의 중심에 서니 소위 '백년지대계'란 무엇이겠는가?
이것의 핵심은 선진국 건설을 위한 꿈같은 대역설이다. 이제 우리는 이 역설의 꿈을 직시하며 전진한다. 암울한 사립대 사태는 겪어본 적 없는 위기임이 분명하다.

지/사/대의 포항공대가 어떤 길로 지방 명문대학으로 발돋움하였는지 진솔한 역사의 실체를 알알이 기록한 조각들을 자세히 살핀 다음에 암흑 기간만 맥없이 쌓이는데도 확실한 해답은 아무것도 없이 주저앉는 망조 사례들이 누적된 시한폭탄 지/사/대 해부 및 그 해결책을 결론부와 첨부 파일 박스 그리고 부록에서 정리한다.

이에 대해 결론적으로 말하자면 "이 위기를 분석하되 정면승부를 택함으로써 지/사/대가 껍질을 벗지 못한 번데기들이 후진국 딱지로 굳지 않고 선진 명문형 '거점 지/사/대'로 탈바꿈하는 '성실한 승리'를 쟁취해야 한다"는 것이다.

'성실한 승리'는 뼈를 깎는 역설적인 승리의 돌밭 길을 향한다. 승리는 선진국을 향한 돌밭을 달림이며, 바로 대학의 선진화라는 절체절명의 선진 국가로의 재탄생이다.

이 길을 구체적으로 보일 방법은 허황된 장밋빛 청사진이 아니다. 포항공대의 사례에서 보듯이 실체적 진실의 경험을 한 올 두 올 짠 연구실 교수-학생들의 땀과 눈물이다.

앞에 적은 '임윤찬 신드롬'의 휘몰아치는 토네이도를 여기서 재소환한다.

임윤찬은 7살에 아파트 학원가에서 피아노를 배우기 시작, 1993년 실기전문기관으로 설립된 한예종(한국예술종합학교: KNUA, Korea National University of Art) 음악원에 2017년 초 손민수 교수 그룹에 입학하여 배운다.

손민수-임윤찬의 교수-학생 관계를 들여다본다. 그는 아직 없던 한예종에 2000년경 내가 강연하던 때를 추억한다. 열심히 듣던 학생들 중에 더러 강연 회고록을 쓴 소감집을 받기도 했다. 그들은 이공대생들이 아닌

데도 열성 청중이었다. 나도 이 기록을 한예종에 바친다.

윤찬은 수상 소감 질문에 "혼자 산에 들어가 피아노만 치고 싶다"고 했다. 손 교수는 "그의 연주는 청중을 감동으로 흔든다. 그는 일부러 기교로 그리하지 않는다. 그의 폭발하는 정열이 관객을 휘감는다"고 했다.

그는 중간 심사에 리스트의 초절기교 12곡 연습곡 전곡을 두들겼다. 당시 리스트 자신밖에 할 사람이 없다는 난곡을 완벽히 해낸다.

손 교수는 제자 윤찬에 대해 다음과 같이 말했다.

"대개 콩쿠르에서 감점당하지 않으려고 난해한 곡을 피하는데 그는 아니었다. 그는 난곡들을 잘 기억하는 기교적 벽을 넘어, 각 연습곡의 시적 상상력에 끌려 빠진다. 9, 10, 11, 12번을 님며 인생 삶의 마지막을 더듬듯이…."

"나의 스승 러셀 셔먼이 40대에 리스트 연주녹음 음반을 내고… 30년 후 다시 음반을 냈다. 옆에서 변와경의 코멘트: 'You're playing like superhuman! Can you play little bit more like human...'"

"윤찬은 음악을 깊이 연구한다. 리스트의 '단테 소나타'를 연습할 때는 '단테' 책도 읽어낸다(리스트가 그 어려운 소나타를 작곡할 때는 이탈리아도 직접 여행했다). 윤찬은 작곡가의 마음까지 깊이 알려고 노력한다."

그 뒷이야기들도 무성하다.

손 교수, "윤동주 시인의 위대함을 생각해봐. 독립투사의 마음을…."

윤찬 & 학생들, "아! 연주 소리가 달라진다! 아~ 갑자기~ 이게 왜 되죠!" 닫힘이 열림이 된다. 이럴 때 선생으로 가장 보람을 느낀다.

(콩쿠르 관련) "아~ 콩쿠르는 나가야지." 윤찬은 콩쿠르를 싫어한다.

조성진, (쇼팽 콩쿠르 등극 후) "이젠 더 이상 콩쿠르 안 나가도…."

손 교수, "10대인 윤찬의 연주를 세상이 봐야지…(그래서 반 클라이번에 보내었다). 골드메달 수상으로 기쁘지 않아? Once in a lifetime! 마술사인데!" 임윤찬, "심란합니다."

손 교수, '윤찬은 범람하는 정보를 차단해야. 일에 집중하는 태도. 앞으로 연주 여행도 필요. 당연히 심란하겠지. 그는 때 묻지 않아 그냥 느낀 대로 얘기하지(오만하지 않고 스스로 채찍질이 필요. 도 닦는 듯…. 그게 필요하다).'

한예종은 포항공대가 아니다. 그러나 교수-학생의 관계는 웬만한 연구실보다 깊다. 어느 이공계 지/사/대에서 어느 가을날 노벨 수상자의 별이 떠서 한반도의 하늘을 훤히 비출 때 필자는 천재 윤찬-손민수 교수의 한예종을 생각할 것이다.

한예종은 국립대이지만 지/사/대 이상이다. 이제 포항공대 이야기를 차근차근 풀어갈 졸저가 시작된다. 무엇이 중심인지 꿰뚫기를 바라며….

이 글을 올리는 방문 앞에서 나의 진실을 엮어내는 시간에 노심초사 아름다움을 비추고, 언제나 선함을 가꾸는 모녀가 함께하며, 고 박태준, 고 김호길 어른들의 거점 지/사/대 뜻을 필자에게 내려준 대장간 쇳물을 식혀준다.

아울러 이 졸저가 편집, 출판되기까지 도서출판 동연의 많은 도움에 깊이 감사한다.

2022년 6월

권오대(포항공대 명예교수)

차 례

1장

포항공대를 설립하다

불안한 귀국 방문과 암울한 시대

박태준과 김호길

김호길은 미국 로렌스버클리연구소에서 국내에 연구 중심 대학을 세우려고 진주로 귀국하여 1983년 10월부터 1985년 7월까지 연암공전 학장을 지냈다. 그러나 추진해오던 4년제 대학 허가가 나지 않았다. 대신 박태준이 그를 설득, 포항공대 학장으로 1985년 8월 취임케 했다.[*]

한국의 생산성을 높여줄 고급 연구 인력 양성 목적으로 한국과학기술원(카이스트)이 탄생하였는데 2000년대를 향한 고급 인력까지는 감당할수 없다. 종합대학으로 국립대학교들이 있으나 연구 중심 대학의 사명을 맡길 새로운 중심이 필요하다. 연암공전은 실패했는데, 이제 포철이 포항공대가 나서도록 결정함에 그 막중한 사명을 맡기로 했다고 썼다⋯.

지금과 다른 40년 전 얘기다. 나의 자료로서 한계는 있겠지만 온고지신은 이 역사 자료 공부에서부터다. 그리고 투명하게 하려고 꽤 노력했다.

포항공대 및 카이스트, 한동대의 역사가 역대 총장들에 의하여 굽이친바를 함께 현장 공부할 것이다. 무엇이 꽃길이며 가시밭길인지, 학생들은

---

[*] 재미한국과학기술자협회(KSEA), "회보" 14.

대학의 교수 MT 중에 함께한 김호길 총장(오른편)과 저자(왼편)

어떻고 교수들은 어떤지, 그 영향은 어떻게 얼마나 갔을지 여러분의 엄격한 판단으로 충실한 간접 경험이 될 것이다.

1985년 연말쯤 대학 홍보차 들린 디트로이트에서 초면의 김호길 학장은 '속이 매우 당찬 분'이라 느꼈다. '시시한 퇴물은 안 되고 쟁쟁한 학자들만 와야 할 것'이라고 배짱을 퉁기고 있었다. 갈 사람이 "나요, 나요" 하고 나서는 것도 아닌데….

1986년 5월에 나는 서울공대와 카이스트에 세미나 방문을 준비하고 있었는데, 이 소식에 학장은 항공권을 보내며 내가 먼저 예약한 것을 취소토록 하였다. 당시 형체도 없던 포항공대는 가상 현실인데도 학장은 반드시 포항 현장을 보여주겠다는 것이었다. 사실 그때 남다른 '고민'이 있었다. 다우(Dow)연구소 생활을 정리하며 몇 대학에 인터뷰하고 있던 때였으나 '한국 방문 인터뷰와 세미나라는 고민'을 특별히 하고 있었다.

암울한 시대의 말기 상황

1978~1982년 사이의 코넬대학교 연구원 시절 한인학생교회 활동을 좀 했다. 팔순 가까운 백영흠 목사님이 시골 의사의 아들 집에 오셨다가 인근의 코넬대학을 보시고 한인학생교회를 세우시고 애너벨 테일러 종교센터룸에서 일요예배 복음 사역 봉사를 하시다가 79년 12·12 사태 때 예배를 우리에게 맡기고 급히 귀국하셨다(귀국 후 이듬해 틈을 내서 87년 광주를 찾아갔다. 예배의 씨앗을 뿌린 백영흠 목사님은 망월동에 주무시는 것을 지인에게 물어 참배하였다. 5·18 후에 별세하셨다는 소식만 겨우 들을 수 있었다).

코넬대 학생들과 작별한 후 다우연구소에 재직하며 약 3년간 미주 한인기독청년 및 유학생 서클 등으로 전파되던 문서 운동지를 발행한, 다소 과학과는 걸맞지 않고 '별스러운 부업' 이력 때문에 5공 독재체제가 나를 어찌할까가 '고민'의 씨앗이었다. 혹시 세미나 중 구속된다면 몇 년째 불법으로 체류하며 살림을 살아주시는 노모께서 말 한마디 안 통하는 이역 땅에서의 생활이 막연해진다.

1986년 초 B-1 스텔스 폭격기 동체 관련 전파흡수체 공동연구에 발을 담그던 때여서 다우연구소는 국방 안전상 나를 미국 시민으로 만들었다. 이렇게 미국 시민권을 취득하였는데, 이것이 오히려 한국 방문 시 좋은 방패막이가 되는 것을 알게 되었다. 추방은 당하더라도 투옥당하지는 않으리라는 주위의 얘기였다.

나는 세미나 방문을 감행하기로 하였다. 1979년 세미나 후 이듬해 모교(당시 양홍석 주임교수)의 우형주 교수 후임으로 결정되며 귀국은 1년 연기해두었는데, 광주 5·18 후 서울공대 상황이 급변하고, 공업교육학과에서 옮겨온 신임 주임교수가 새 통지문을 보냈다. 교수 결원이 생겼으니 시급히 귀국하라는 연락이었다. 그러나 갑자기 갈 수 없어 부임을 못 하였다.

김포공항 땅을 밟는 나의 다리는 좀 후들거렸다. 미국 여권을 받은 출입국관리는 한동안 나와 미 여권, 컴퓨터를 번갈아 보다가 "왜 오신 거지요?" 하고 물었다.

세미나를 위한 일주일간 단기 방문임을 확인한 그 관리는 잘 다녀가시라고 정중하게 인사하였다. 서울대, 과기원, 경희대를 방문하였다. 최루탄 연기에 눈물을 훔치며, 돌팔매질, 풍자극 등의 현장을 누비고 다녔다.

세미나 후 포항행 버스를 탔다. 대학 건설본부 상황판은 현란하였으나 처음 방문한 포항공대는 골조 공사가 진행 중인 황량한 언덕이었다. 인터뷰 중 때를 기다리다가 나는 학장께 반정부 문서 활동의 이력을 털어놓았다. "아, 그랬어요? 괜찮아요. 나도 유신 시절 워싱턴 대사관 앞에서 반대 데모도 했지요. 그러나 이젠 멋진 포항공대 민드는데 우리 힘께 일합시다." 그리고 저녁에는 학장 차로 황혼빛이 빗겨 드리운 동해안을 달렸다. 보경사와 월포 사이를 지난 해변의 너럭바위가 있는 송라 횟집에서 마신 한잔 술의 정취, 동해안의 푸른 물이 나를 부르고 있었다.

미국으로 '무사히' 돌아온 나는 며칠 후 전화에서 학장의 음성을 들었다. 나는 아직 부임 귀국 결정을 못 하고 있었다. "권 박사가 만일 부임하지 않더라도 권 박사와 얘기한 반도체 그룹은 꼭 만들 참이요. 그래서요, 필요한 시설은 미리 갖춰놓을 텐데 1백만 불 정도의 장비 투자를 할 수 있게끔 필요한 장비 리스트와 견적 자료를 좀 보내 주시오. 포철이 6백만 불 연구 장비 투자를 하기로 했는데, 전자 분야에 그만큼 투자하기로 했지요." 그래서 나는 코넬대 반도체국책연구소 울프 소장 및 박SJ 박사 조언과 MBE, RIE, Aligner, E빔 장치 등의 자료를 받아 보내드렸다.

포항공대로 부임 결정

　'백만 불 반도체 장비 투자'라는 학장과의 통화 내용이 내 마음속을 떠나지 않고 흔들어댔다. 실험자의 생명인 장비 때문에 한국의 많은 교수는 손을 놓고 연구에서 도태한다. 그런데 포항공대는 그 연구의 길을 확실히 열어 준다는 것이었다. 1986년 8월 15일에 귀국하기로 결정하고서도 마음은 여전히 착잡하였다. 유학 공부하러 와서 15년째, 꼭 돌아간다고 다짐하며 온 것이지만 긴 세월을 보낸 인연들을 홀연히 떠난다는 것이 쉽지 않았다.

　미시간주에서 「한울몸」 잡지를 발행한 활동은 과학의 길만 달려온 내 인생에서 큰 일거리 중 하나였다.

　토론토의 김재준 둘째 할아버지를 뵈러 갔다.* 유학생 및 기독청년 동인들이 만드는 계간지를 하려 한다고 말씀드렸다. 둘째 할아버지는 뜻을 가상히 생각하셨는지 "한울몸이 무엇이지?" 등을 꼼꼼히 물으셨다. 내가 대강 설명을 올렸다. 얼마 후 둘째 할아버지가 편지를 보내 주셨다. 옥고가 담겨 있었다. "학생들에게 기대한다"라는 내용의 창간을 축하하고 독려하는 말씀이었다. 그렇게 1982년 늦가을 창간호가 나왔다.

---

* 자세한 내용은 권오대, 『아인슈타인 하우스』(서울: 동연, 2014), 381-382 참조.

장공 김재준 목사님의 휘호. "김대중 선생 특집" 「한올몸」 제3호.

오대호 지역에 눈발이 날리기 시작하는 가을날 함석헌 할아버지가 미국 대도시에서 강연한다는 소식이 보도되기 시작했다.

잡지가 문을 닫더라도 저 셋째 할아버지의 미주 순방 강연 특집만은 기어코 내겠다. 이렇게 겨울에 틈틈이 정리한 함석헌 강연 특집 「한올몸」 제2호는 매진되었다. 힘이 솟았다. 12월 성탄절 직전에 석방되어 도미한 김대중 선생 특집 「한올몸」 제3호는 확장판을 찍고, 3백 권은 김 선생님의 요청대로 보내드렸다. 확장하다 보니 예산을 소진하여 애를 먹었다. 결국 '얼굴 없는 발행인'으로 잠시 유명세를 타고는 주저앉았다. 대도시에서 열심히 도와준 동인들이 있었지만, '얼굴 없는 발행인'으로서 혼자 틈을 내어 이리저리 때웠다.

김재준 둘째 할아버지는 2~3회 항공 서신을 보내주셨는데, 내가 귀국하여 1986년 늦가을 인사드리러 할아버지 댁을 찾았다. 성탄절에도 카드를 또 보내주셨는데 인문학(신학) 공부를 권하셨다. 그리고 한 달 후 가셨다. 공부는 나에게 유언하신 것이었다. 함석헌, 셋째 할아버지가 추도사를 하였다.

쌍문동의 셋째 할아버지를 뵐 때마다 팔다리를 주물러드리는 일이 나의 습관이었다. 미국서 처음 뵙던 때부터 한 일이었다. 1987년 6·29 이후 셋째 할아버지의 팔다리가 점점 쇠약해져갔다. 내가 결혼한다고 인사시켜드린 사람과의 결혼식 주례는 김용준 교수께 맡기셨다. 쇠약한 몸으로 노태우의 88 올림픽을 축하한 할아버지는 이로 인해 주변 사람들에게 비난

함석헌 선생님과 함께(왼쪽부터 필자 권오대, 함석헌 선생, 안덕치 목사, 1982년)

도 받았다. 이후 병원에 더 자주 입원하였다. 나중엔 피골이 상접한 팔다리
를 주물러야 했다.

89년 초 셋째 할아버지가 가셨다. 매년 연초에 김용준 교수를 찾아뵈
면 할아버지 얘기를 하며 그분을 생각했다.*

이곳저곳에서 인터뷰를 하다 보니 내가 귀국을 선택했다는 소식을 어
머니도 알게 되었다. 어머니는 무척 기뻐하셨다. 내게 나의 오래된 넥타이
하나를 건네주셨다. 그 넥타이 속에는 내가 그동안 50, 100불씩 드린 돈들
을 하나도 쓰지 않고 꼬깃꼬깃 넣어두셨다. 당신이 미국에서 한국으로 돌
아가실 경우 한국 땅에 묻어달라 하려고 모아두었다고 하셨다(나의 몹쓸
역마살의 불효).

세미나 때는 단기 방문이어서 괜찮았지만 이제 귀국했다가 추방당하
면, 그동안 불법체류자로 사신 어머니는 미국에서 한국으로 귀국하면 다
시 미국으로 돌아오실 수 없을 것이다. 그러면 나만이 미국으로 되돌아와

---

*『함석헌 전집 12』(서울: 한길사, 1985), 317, 323, 330, 393.

서 직장을 다시 잡아야 한다(이런 생각에 미치자 조건이 맞지 않아 고민했지만, 인터뷰했던 미국의 대학들을 떠올리게 되었다).

6년 전, 모교 임용을 1년 후로 약속한 지 몇 달 후 5·18이 발생했다. 5공 시대 대학 교육과 연구를 어떻게 극복할지 답답했다. 1979년 당시 모교 실험실 상황은 거의 십 년 전 형편 그대로인 것을 둘러보면서 연구 활동 가능성에 실망하여 힘이 빠졌었다.

하지만 잊자! 이제 한국의 반도체레이저 연구는 활기를 보이고 있고 포항공대에서는 그게 가능하겠다는 희망이 보였다. 한 달쯤 짐을 정리, 귀국 부임하겠다고 전화를 드렸다. 학장이 몹시 기뻐했다.

가만히 지내면 기껏해야 추방일 것이라는 결론을 짓고 나는 이삿짐을 싸기 시작하였다. 이제 귀국하는 것이다.

태평양에 면한 세인트 모니카 비치를, 북미대륙 서해안을 산책하며 한 세대의 반을 보낸 미국 생활을 마감했다.

8월 광복절, 태평양을 향한 동해 포항의 푸른 바다 영일만에 도착했다.

12월 3일 개교와 6백만 불 연구 장비 발주

　　박태준 이사장은 동해 영일만 모래밭에 파일을 박고 포철을 건설한 철강왕, 아쉬운 때 가셨지만 포항공대 설립 이사장으로도 역사를 만든 그의 동상은 오늘도 캠퍼스를 지켜보고 있다.

　　70년대 전후에 주름잡던 포항에서 포철맨들은 밥을 먹다가 "그가 갑자기 대학은 왜 세운다는 거야?" 하고 고개를 저었다. 조카뻘 '젊은 피' 학자들이 하나둘 포항에 모여드는 상황이 달갑지 않은 그들은 의혹의 시선을 힐끗 던졌다. 아직 골조 공사가 한창인 황무지를 보며 귀국한 우리는 한동안 영일대 호텔에서 모기와 싸우다가 15층 교수 아파트에 마침내 입주했다. 포항 최초의 고층아파트에 설치된 엘리베이터를 구경하러 낯선 아이들이 몰려오곤 했다.

　　김호길 학장은 한시 구절을 암송하고, 성씨들 족보를 환하게 꿰뚫고 있어 당시 방문하는 고등학생들을 깜짝 놀라게 하기도 하였다. 퇴계 선생의 제자 김성일의 후손이라고도 하였다. 템포는 느리지만 말씀이 구수하고 술을 나누기를 좋아하여 초창기 중진 교수 몇 분과 젊은 교수들을 함께 집으로 모시기도 하였다. 노모가 함께 사는 집에 학장 사모가 오시기도 하였다.

　　소탈하신 학장이었다. 교수들 간에 호칭을 'XX 박사(님)'로 통일하여

서로 부르자고 논의하던 초창기 교수회의에서 젊은 물리과 박사 정SM이 First name으로 "호길" 하고 부르는 미국식 호칭 문화를 언급해서 좌중이 학장과 함께 웃던 일도 있었다. 그만큼 교수들이 격의 없이 서로 존중하던 초창기 시절이 있었다.

86년 가을에는 교과 과정 작업과 함께 고가 장비 발주로 모두 바빴다. 그런데 구입 대상으로 선정한다고 학장이 약속하였던 반도체 장비들은 6백만 불 리스트에 없었다. 재료 및 화학 물질 분석용 거대 전자현미경, ESCA, Auger, EPMA, NMR, chromatography 등등 많은데 반도체 장비들은 누락되었다. 오히려 황당하게 전자과는 전자기 측정 장비(Network Analyzer)와 대학 공용 oscilloscope 40대를 구입했다. 고민하던 나는 결국 답답해서 학장실까지 노크하였다. "무슨 장비 말이너라… 아, 그 리스트… 장 박사(당시 전자과 선임으로 주임교수 및 교무 겸 학생처장)에게 확인하지" 하며 웃었다.

그 리스트가 엉뚱한 곳 서랍 속에서 잠자고 있고, 그에 관하여 그때까지 아무 언급도 없었던 환경에 크게 실망했다. 연구인과 행정 마인드의 사람 사이의 차이. 공대에서 좌절하며 이후 그렇게 꿈이 깨어지는 일이 자주 일어나는 것을 알고 미리 대비하는 지혜를 갖추는 방어 본능으로 진화했다.

임용 거부 사태

86년 12월 3일 포항공대는 본부, 강당, 도서관까지의 3각 지대와 학생 회관(당시는 '교수학생회관'으로 점심을 그곳에서 먹었다)을 짓고 30여 명 교수 중심으로 우선 개교하였다. 학생이 없어도 개교가 된다는 것이 신기하였다. 그때 교무처장 장 박사가 전화로 학장이 나를 급히 찾으니 빨리 오라 하였다. 나는 영문도 모른 채 학장실로 안내되었다. 학장은 날 보더니 이렇게 말했다.

"아 왔구먼, 됐어, 장 박사는 돌아가도 되오. 일이 좀 생겼는데 크게 걱정할 것은 없고 내 시키는 대로 하시오."

"……."

"다름 아니라 이번 개교하며 부임한 교수들을 문교부에 임용신청 하였는데 당신 것만 임용 거절로 반송되었소. 그 거절 사유 3가지, '한울몸'이라는 반정부 잡지를 발행했다는 것, 디트로이트의 어느 교포 집에 있는 김대중 씨 간담회에 참석한 것, 김근태 고문 관련하여 뉴욕 각 신문에 난 미주 민청연 단체의 반정부 성명서에 당신도 참여했다는 것이오. 이런저런 이유로 당국이 당신 임용을 거절하였는데, 추방 걱정은 마소. 지난 5월 우리가 처음 만났을 때 이미 권 박사가 솔직하게 얘기하여서 내가 알고 있었고, 그래서 당신이 그 뭐

과거를 좀 사과하고 이젠 연구 교육에 주력한다는 시말서 같은 걸 좀 써 오시
오. 그걸 내가 문교부에 제출하여 임용 건을 마무리하겠소"

사실 귀국 후에도 나는 긴장감으로 살았다. 노 정권까지. 한 번은 대구
에서 포항 오는 버스 옆 좌석 손님이 친절하게 말을 걸면서 자기는 '안기
부' 포항 출장소장이라 하여서 웃으면서 인사하였지만, 속으로 기겁하고
는 경계심 속의 한 시간 바늘방석 여행을 하였다. 특수한 자기의 신분을
아무에게나 밝힐 이유가 있는가. 나에게 은근히 경고하는 것인가? 한번은
공항에서 나에게 물건 전달을 부탁하며 이상한 명함을 건네던 요원(?)도
있었다. 그때도 아무 일은 없었지만, 위험한 시기였기에 나는 가능한 한
경계심을 늦추지 않고 실았다.

개교 시에 결국 나에게 추방의 비수가 날아온 것이었다. 나는 마음을
냉철하게 가라앉히고 몇 페이지의 진술서를 작성하였다.

자술서

코넬대학교 연구 시절 1980년 모교 서울대에 임용되었습니다. … 조국의
격동기에 '교단을 지킬 수 있을까?' 자문하다가 입국을 포기했습니다.
1982년 귀국 대신 청년들의 계간 동인잡지를 3년간 발행했습니다. …
1985년 기술 한국의 결실들이 미국에 상륙하고, 미국은 한국을 'Little
Japan'으로 주목합니다. 한국의 과학기술 선진화 독립화가 필요하게 되었
고, 그렇게 포항공대 설립을 이해하고 미력을 집중하려고 귀국하였습니다.
1. 저는 순수과학자이며
2. 정치와는 원래 무관하며 앞으로도 무관할 것이며
3. 미국 시민법이 이를 금지하며 이를 알고 귀국하였습니다.

학장은 "그래, 이젠 잊어버리고 근무만 잘하라" 하였다. 당시 정국은 유치과학자 신분으로 부임한 나를 언제든지 추방할 수 있었다. 이듬해 1987년 6월 29일 여름, 포항 오거리 육거리에도 최루탄과 시위 군중들이 난무하였다.

한번은 내 차가 육거리 뒤 어디 호텔에 주차했는지 모처에서 학교로 연락이 왔다. 내 차는 학교 주차장에 있다고 답했는데, 영문을 알고 보니 김대중 씨가 포항 강연 여행으로 그 호텔에 묵으며 지역 인사들을 만난 모양이었다.

포항공대 사람들의 노력과
지방 명문대 탄생

대학 설립은 쉽지 않은 일이었지만 모든 교수와 직원이 단결하여 추진되면서 일사불란하였다. 12월 3일의 조선, 4일의 농아, 중앙, 한국 등이 보도하였고, 지방 명문대가 속성으로 태어났다는 내부 자료를 확인한 그날 저녁 소장 교수 십여 명은 영일대 저녁 후 학장 승낙 하에 시내 술집에서 코가 삐뚤어지도록 떠들고 마시며 그동안의 스트레스를 풀었다.

미국 박사 셋만 데려다 1년만 포항에 붙들어 놓으면 술을 크게 사겠다는 빈정거림(?)을 날려버리는 스트레스!

87년 1월 하순 한국 대학사의 한 획을 긋는 충격적인 합격자 발표 소식을 경향 각지 신문에서 실었다. 일개 지방 사립대인 포항공대에서 "특성화 정책"으로 첫해 합격자 평균 학력고사 300.6점이었으며, 전국에서 모여들어 2.2 대 1의 높은 경쟁률을 보였다고 조선일보에서 사설을 썼으며, 340점 만점 중 321점으로 수석 합격한 여의도고교 출신 이숙연(19) 여학생을 중앙일보가 보도했다(그는 졸업 후 정보경영공학 박사로, 서울고법 판사로서 개인의 '경영다각화'도 실현했다).

1월 25일 동아일보는 박태준 '연구 중심 대학 포항공대 재단 이사장'을 인터뷰했다. 그렇게 파안대소하던 얼굴의 박태준 회장의 모습은 이전에 없었다. 포철의 고로에서 쇳물이 처음 나오던 순간도 그렇게 기뻐하는 모습이기보다는 임무를 완수했다는 표정으로 보였었다.

포항공대에서 연구원과
첫 연구 및 문화프로그램

"본 대학 출신 김JH 군을 소개합니다. 대학원 석사를 마치고(전공은 플라즈
마), 군을 필했습니다. 대학 조교 또는… 만나 보시고 선처하여 주시기 바랍
니다." _ 梁興錫

첫 학기에 은사 양흥석 교수님이 추천해주신 서울대 전기과 졸업생
김JH 및 서강대 물리과 강MH를 임시연구원으로 받았다. 당시 한국전자
통신연구소(ETRI) 소규모 위탁 과제로 박HH 박사 팀에게서 GaInAsP/InP
반도체레이저 웨이퍼의 TEM 사진 및 경계면 영역의 Zn 도핑 변동을 보여
주는 오제이(Auger) 분석 등 계면 상태의 변동과 레이저 소자 기능 저하의
관계를 조사했다. 당시 대학 동기로 강민호(강MH 연구원과 다름) 박사를 ETRI
에서 반갑게 만나며 위탁 과제 등이 시작되고 연구 활동을 활발하게 추진
중에 음양의 큰 도움이 되었다.

김JH 연구원은 국내 및 해외에 공동논문을 쓰고, 8월 석사장교로 복무
하고, 이듬해 국비 유학생이 되어 미시간대학으로 유학, Ph. D. 후 카이스
트 전기전자과로 부임했다. 박HH 박사는 공동연구를 꾸준히 발전시키고
훌륭한 해외 논문들을 발표했으며 현재 카이스트 같은 과의 동료 교수이다.

길을 가다 지나치며 만나는 사람이 별로 없을 정도로 텅 빈 캠퍼스 생활은 메마른 공부밖에 없었다. 그래서 1~2주 일회씩 교양 프로 행사를 기획 추진하였다. 저녁 후 학생들에게 영화 또는 과학 비디오를 틀며 영어 통역을 하였는데 여러 교수가 테이프 제공 등 많은 도움을 주었다. 가끔은 연사 초청 강연회도 열었다. 고대 교수직을 사임한 양심선언 도올 김용옥 교수, 주부들 사이에서 인기가 있는 김동길 교수 등을 초청하고 제작한 포스터를 시내에 붙이며 지역 전문대를 포함한 외부의 많은 일반인을 환영하였던 것은 문제가 되었다. 사실 시내 경찰서 정보계에서 전화로 포스터 부착 허가 문제를 제기하였는데, 그 후 나는 교양 문화팀에서 점차 빠지게 되었다. 나중에는 음악인 초청까지 확대하여 멋진 교양 문화프로그램으로 정착한 것은 소BH, 김JS 교수 등의 공헌이었다.

광전자집적회로(OEIC) 연구 그룹 부상과 국책 과제

입학식 후 학장은 미국 출장을 다녀왔다. 그러고는 나를 불렀다(학장은 침묵하고 나도 침묵했었다). 잊지 못할 87년 4월 어느 날.

"권 박사 작년에 하겠다던 연구가 뭐였지요?"

나는 갑자기 물어보는 것에 잠시 후 '반도체 광전자'라고 대답하였다.

"그래요. 그전에 요청한 장비들을 그대로는 말고, 이미 부임한 김OH 박사,
정YH 박사와 잘 협의하여 좋은 과제 제안을 해보시오. 내가 정도껏 지원할
것이요."

마침내 기회가 온 것이다. 출장 중 어떤 친구 교수에게서 차세대에는
광전자가 중요함을 들었다는 소문이 있었다.

우리 세 명은 즉시 작업에 들어갔다. 광전자집적회로(OEIC) 연구 분야
로 정하고, 장비 투자 계획을 마련하였다. 나보다는 최근 경험을 가진
GaAs소자 정 박사, Si DRAM소자 김 박사의 의견을 존중하여 반도체 공
정 장비들을 신청하였다. 김 박사는 청정실 설계를 주로 전담하였다. 학장

명을 따라 구JK 박사 등 타과 교수들도 합류하고 YAG 등 레이저 및 분광 측정 장비들도 마련하였다. 학장은 연암공전 시절 친하였던 LG 구 회장에게 직접 가져갈 제안서를 쓰라 하여 셋이서 머리를 짰다.

그러나 그게 여의치 않자 나는 따로 제안서를 재조정하여 과기처를 찾아가게 되었고, 이미 ETRI와 위탁 연구 중인 나는 카이스트의 권YS 박사와 함께 ETRI의 이YT 박사 주도 OEIC 연구 그룹에 합류, 88년 여름부터 3년 국책 과제를 수행하게 되었다. 국책 과제 예산의 큰 덩치는 출연연들의 몫이고, 일반대학에서 큰 국책 연구 과제에 참여하는 것은 극히 드문 일이었다. 당시 나의 OEIC 과제는 포항공대 내에서 처음으로 받은 외부 수탁 국책 과제가 되었다.

한번은 출장으로 권YS 교수를 만나 과제 토론을 하는데 직원이 포항의 전화를 받았다고 전했다. 무슨 용무인가 했는데, 결국 (장YS의) 전화로 나의 출장 여부를 확인한 것이어서 둘이 서로 쓴웃음을 짓고 말았다.

포항공대 전자전기과 반도체 그룹 개화

학장은 1986년 12월 개교 전 학과별로 600만 불 장비 도입을 추진하면서 관심이 많다던 반도체, 광전자에 (앞에서 보듯) 침묵하면서도 교수들 영입에는 관심을 보였디.

1986년 학장의 소개로 가을 삼성전자를 방문, 카이스트 Ph. D.인 김 OH 박사를 먼저 인터뷰했다. 김 교수가 부임하며 Si DRAM을 맡았다. 그의 부임을 삼성이 승낙하는 시간이 걸렸다. 화합물반도체는 동경대 Ph. D. 후 87년 봄에 부임한 정YH 교수가 맡았다.

반도체 제안서가 LG 구 회장에서 막힌 후 학장은 대학에 남는 예산은 없으니 포철에 가서 설득하길 제안했다. 이미 OEIC 과제를 과기처에 제출, 결정되는 절차 중이어서 박득표, 백덕현 부사장단에 그 내용을 발표했다. 대학의 지원이 한계가 있어 OEIC 과제에 필요한 MOCVD 고가 장비 지원을 포철에 요청하였다. 백 부사장은 이것으로 나온 결과로 대학을 빛낼 수 있을 것인지 물었다. 나는 국책 과제로 개발할 SEED 광교환소자는 아직 세계 어디서도 MOCVD로 제작해낸 곳이 없어서 3년 안에 만약 성공하면 큰 홍보 뉴스가 될 것이라 하였고 결국 긍정적 답변을 들었다.

당시 대학 옆에 함께 설립된 산업과학연구소(RIST)는 별 반응을 보이지 않다가 나중에 MOCVD 등을 그쪽에 설치하고 반도체 연구를 해야 한다고 해서 오히려 장소 문제가 해결되면서 상황이 빠르게 전개되었다.

공대와 이웃한 RIST*에(김OH 교수의 제2공학관 클린룸 설치 계획보다 더 큰) 클린룸 연구실 설치를 정YH 교수가 담당했다.** 이듬해 정 교수는 박사 후 연구원 경력을 쌓으러 벨코어 뉴저지로 출국했다.

교수가 모자라는 1989년, 초고주파 MW소자 관련 연구가 많은 김BM 교수가 귀국하려다가 문제가 발생했다. 마침 뉴저지에서 방문 연구 중인 정 교수가 텍사스로 출장, 학교에서는 내가 연락하면서 결국 김 교수도 귀국하여 반도체 그룹이 제법 균형을 맞추어갔다.

이렇게 발동이 걸린 반도체 분야는 전자과 성장 동력이 되어 다른 분야에서 학과 교수회의 중 신규 부임 교수의 반도체 편중 문제를 꼬집기도 했지만, 88년 이후 대학원 입시 철 10 대 1이 넘는 경쟁에 합격한 반도체 분야 신입생들부터 국내에서 처음 완비한 클린룸 실험실을 확인 구경하고 매료되었다.

이런 '이공' 대학원생 향학열은 김영삼 정권이 병역 특례를 손보면서 맛을 잃기 시작, 약 10년 후 2000년대 '이공계 기피' 현상으로 나타났다.

반도체 교육이 이렇게 20년간 시작되어 논문을 쓰고 석박사 학위를 이수한 삼성 일꾼들이 기백 명, 삼성의 진대제, 권오현, 황창규 박사의 중심으로 컸다. 우리 반도체 교수들과 지원 그룹 교수들이 삼성을 정기 방문 시 창구 역할을 주도하여준 것을 기념하는 '권오현 강의실'이 2000년대 들어서 제2공학관 405호실로 명명되었다.

---

* 과거 홍릉연구소에서 카이스트에 이웃한 KIST에 해당.
** Nippon 산소 회사의 4.5억 원 MOCVD(유기금속기상증착법) 장비로 GaAs/InP 등의 화합물반도체를 결정 성장하는 장비들을 도입 설치했다. 본 시설로써 정교수는 전자소자를, 나는 광소자연구에 집중하며 연구를 정착시켰다.

SEED-1, Bell 랩이 발명한 SEED 광교환소자
MOCVD법 개발

SEED-1, Bell 랩이 발명한 SEED 광교환소자 MOCVD법 개발

나의 랩은 한국전자통신연구원(ETRI)에서 박사과정을 하러 온 유능한 이SW이 이끄는 팀의 노력이 꽃을 피워 다중양자우물(MQW) 광반도체 결정성 장과 광교환 특성을 처음 얻었다. 1984년 SEED(자체광전효과소자)라는 광교환소자를 벨(Bell)연구소의 밀러(D. Miller)가 발명했는데, 소자의 핵심 기능인 교환 효과를 가지려면 MQW 소자 구조를 MBE(분자빔 결정 성장법)로 제작하여야 한다. 이를 MOCVD(유기금속 기상증착법)로 달성함이 국책 과제 목표다.

보스턴 학회 후 벨(Bell)랩 밀러 팀을 방문 중 나는 구슨(K. Goossen)의 SQW(얕은 양자우물: shallow QW)에서 소자 기능의 가능성에 매료되었다. MQW 구조에서 우물층 사이에 존재하는 장벽층 AlGaAs는 Al 농도가 30%쯤 되어 양자층 영역의 전계 비균일성이 심하여 MOCVD법으로 성장한 MQW층이 광교환 효과를 내기 어렵다. 하지만 상기 4% 정도의 SQW를 응용하면 비균일성을 획기적으로 줄여서 목표하는 광교환 효과를 이룰 수 있다.

이렇게 해서 1991년 우리 연구실이 이SW의 주도로 MOCVD법으로 SQW 구조를 제작, 세계 최초 SEED 소자 제작에 성공했다. 과기처의 국가 주도(OEIC 기술개발) 과제를 3년 안에 멋지게 완성한 것이었다. MOCVD 법으로는 안 된다고 벨연구소가 내린 결론을 뒤집은 것이었다. 일찍이 포철 설명회에서 약속했던 대로 이 성과를 발표하였고(1991. 7. 16.), '포항공대 연구의 첫 열매'를 언론이 보도했다.

우리의 연구 결과는 미국물리협회(American Institute of Physics) 발행 학술지 Applied Physics Letters: APL(1993) 및 APL(1994)에 게재되었다. 특히 APL(1994) 논문은 Volume 64(23)의 첫 논문으로 선택되었다.

1988년 시작된 국책 과제

OEIC 중과제 중 SEED 광스위치 개발이란 우리 국책 과제는 1988년 여름에 시작하며 5천만 원으로 결정되더니 4천만 원으로 삭감하여 지불 됐다. 다음 3년간 매년 1억 원이던 계약도 4천만 원으로 줄었고 내용도 축소됐다. 타 대학 교수 얘길 들으니 그것도 감지덕지해야 했다.

이렇게 된 국가 주도 과제를 보면 소과제들로 다시 아래처럼 나뉘었다.

소과제 책임자: ETRI 이YT, 카이스트 권YS, 포항공대 권OD

90년대 ERC 및 SRC 열풍

90년대부터 일반대학들에 이과계 SRC 및 공과계 ERC라는 10억 원대 의 대형 연구센터를 선발하는 정책은 대학에 새바람이 불게 했고 영향력 있는 중진 교수들은 바빴다. 하지만 나의 전자과는 무풍지대였다.

1992년에는 '광전자 ERC'가 명문화되는 이변도 나왔다. SEED 기술 성공 및 뒤이은 광기술 관련 기사 발표 등이 과학기술 정책의 진화를 자극한 듯 보여서 관계 기관에 전화 연락으로 ERC 가능성에 자신감이 부풀었다. 하지만 내가 추진하겠다고 학과 교수회에 상정했는데 학과는 지원해 주지 않았다.

개교 시 충격처럼 다시 또 한방 당하였다. 그러나 나는 아무 말도 하지 않고, AT&T Bell Lab으로 1년 안식 연구년을 떠날 준비를 하는 것으로 생각을 바꾸었다.

학장 애증 1
: 병역 특례 및 가속기

학장은 가속기 건설에 대한 각별한 관심을 이사장께 오래전에 표하였으나 우리에게 처음 그 의중을 보인 것은 87년 중반이다. 그 시기 광전자 그룹 추진 교수들과 함께 학장실에 있을 때 "학장님께선 가속기를 나중에 생각하시든지 국가가 짓는 쪽으로 하고, 아직 초창기인 공대 만들기에 주력하여 주실 것"을 내가 진정하니 학장은 고함을 치며 나를 공격하였다. "내가 가속기를 하는 것도 다 대학 때문인 걸 모르느냐"는 신경질적인 반응에 주위의 교수가 혼이 나서 내가 더 대꾸 못 하도록 나를 만류하였다. 그러고는 교수회의 때 학장은 자주 내가 가속기 건설을 반대한다는 것을 언급하였다.

학장이 팔을 걷고 가속기 건설이란 큰일을 벌이고, 중진 교수들의 숫자만큼 ERC 연구소 설립 붐이 일면서 소장 교수들의 소외감이 점증하였다. 그 엄청난 재원이 소장 교수들의 연구 활성화에 집중되었더라면 우리는 오늘 훨씬 나았을 것이고, 대학교수들 간의 악화된 분위기도 뿌리를 내리지 않았을 것이다. 그 이후 중진파와 소장파의 대결 양상은 심화되고, 학장은 두꺼워지는 '인의 장막'에 둘러싸여 갔다. 94년 말의 가속기 완공을 못 보고 급서하였지만, 학장은 가속기에 스스로 희생한 셈이었다.

한편 가속기 건설에 교수들을 많이 공출한 우리 학과에 가속기는 엄청 난 피해를 주고 있었다. 우선 가속기 파견 교수들이 남겨 놓은 강의 부담, 인원 부족에 의한 학과 내의 연구 그룹 와해 및 상대적 박탈감 등이었다. 초기의 씨앗이 뿌려진 우리 학과 로봇 그룹도 해체의 길을 걸었다.

인근에 병설된 산과연(RIST) 연구 조직을 만들 때 '전자 분야'가 무시되어 탈락하는 수모도 겪었다. 학과 교수 서명운동을 통하여 전자 분야를 신설하기에 이르렀다. 당시 RIST 신 부소장은 나를 분야장으로 선임한다고 공표하였는데 대학이 반대한 해프닝도 있었다. 사촌이 논을 사면 배가 아픈 것이렷다.

힉징의 병역 특례

학장과 짧은 밀월도 없지 않았다. 병역 문제가 그 일례였다. 나는 이공계 대학원생들을 군에 보내는 것을 이적 행위에 해당하는 짓이라고 반대한다. 학부 시절 자기가 원하여 입대하는 것이야 못 말릴 일이지만, 이제 전공 학문의 길로 들어선 내일의 과학기술 우수 두뇌들을 군대에 보내서 녹슬게 하는 것은 바로 적을 이롭게 하는 우매한 짓이 아니고 뭐냐는 말이다. 일단 녹슨 쇠붙이는 버릴 수밖에 없다.

나는 ROTC로 병역을 필하였는데 그동안 머리가 삭아 유학 가서 겪은 뼈저린 고생을 잊을 수 없다. 그래서 나는 국비생이나 석사장교 폐지에 대한 반론을 H신문에 칼럼으로 실었었다. 서울대 교수들이 연락하기를 포항공대도 단체 행동으로 함께 반대 성명 운동을 하자는 것이었다.

학장의 얘기로 돌아가면, 다행하게도 학장은 나의 과학기술인 병역 반대 운동을 지지하고 있었다. 내가 서울대 제의를 들고 학장실을 찾아가서 설명해 드렸더니 나중에 학장은 메모를 보내왔고, 즉시 서울대에 보냈다.

그리고 무위로 끝났다.

이를 주관하는 병무청이 가끔 하는 소리는 과학기술의 방위력 가치를 백안시하는 시대착오에서 한 발짝도 벗어나지 못한 것에 머물러 있다.

학장 애증 2
: 교수평의회 및 포항경실련

91년 초 교수회의에서 학장은 교수평의회 설치 계획을 발표하였다. 회의를 하여도 빠지는 교수들이 짐짐 많아졌다. 본부와 평교수들의 골이 깊어지니 교수회의 무용론도 등장하였다. 그래서 학장은 보직교수와 평교수 대표들의 연석회의 같은 교수평의회를 원했다(4월 25일, 6인 준비위: 중략).

한편 92년 경실련(경제정의실천시민연합) 서경석 사무총장의 강권으로 포항에 경실련 지부를 만드는 일을 돕게 되었다. 포철도 경실련 스폰서라며 안심하라고 했다. 9월 8일 대회를 개최하였는데 철강 공단 인원 수십 명이 참여. …

9월 9일, 상황의 급반전이 왔다. 대학 본부의 전화가 또 대학 재단의 전화 등이 빗발쳤다. 경실련 발기인대회가 지역을 들쑤신 듯했다. 결국 추석날 나는 성묘 여행을 못 하고 학장 관사를 김DM 주임교수와 함께 찾아갔다. 안동 성묘에서 돌아온 학장의 기분은 극도로 차가웠다. 나는 제2의 진술서를 써야 했고, 9월 17일 전체 교수회의에서 전 교수에게 공개 사과했다. 11월 24일 교수평의회 부의장을 사임했다.

SEED-2, Bell Lab과 IBM의 CCG 공간교환형 레이저 공동연구

Bell 랩에 돌아온 후 잭이 성장한 웨이퍼를 스티브에게 얼른 우송하였다. 이메일이 원활하지 못한 당시이지만 그런데도 한 달이 넘도록 소식이 없었다. 가까스로 통화하니 스티브는 엉뚱한 소식을 전하였다. IBM과 미팅 중 소자 설명 시 언급한 한국 특허를 IBM 법무팀이 요구하는 것이었다. 그것은 한글이니 귀국 후 마무리하고서 곧 미국 특허를 등록할 것이고 그러면서 영역본을 주겠다고, 한글본은 바로 쓸데없지 않으냐고 대답했다.

얼마간 시일이 지난 후 다시 스티브에게 연락했다. 놀랍게도 스티브는 법무팀이 한글본도 좋으니 받으라고 했단다. 난감했다. 우리 대학에서는 미국 특허도 논문처럼 중요하니 영역본을 만든 후 넘기려고 했는데, 한글본을 스스로 번역하여 쓸 테니 그냥 받겠다는 것이었다.

SEED-2, Bell Lab과 IBM의 CCG 공간교환형 레이저 공동연구

앞의 SEED-1 챕터 논문 결실이 Bell Lab. SEED 그룹(Group 1, @Holmdel; Group 2, @Murray Hill) 리더인 밀러(D. Miller) 박사의 관심을 촉발하여 1993~1994년 방문 요청을 받았다.

September 3, 1993

Dear Prof. Kwon:

I am pleased to inform you that we now have full official ap-
proval for your visit here to AT&T Bell Laboratories for a pe-
riod of approximately one year. We can offer you...

Sincerely,

David A. B. Miller

Bell 그룹에서 우리 MOCVD 법을 활용하기에 이르렀다. SEED를 대량 제작하는 제조법이 확보되는 것이다. POSTECH Ph. D. 학위를 받은 이SW 박사를 거기서 초빙하는 경우까지 협의했는데 이 박사 개인적인 이유로 성사되지 않은 것이 크게 아쉬웠다.

홈델(Holmdel)의 Bell 연구소 SEED 광교환소자 팀의 활동에 따라 목표를 수정하였다. SEED 광교환 방식 대신 4극형에 전류 주입을 변화시키면서 공간을 휘젓는 탐조등 방식의 광교환소자를 개발할 생각이었다. 그런 소자의 지름은 20마이크론 정도다.

Bell 랩에서 wafer의 결정성장을 담당한 연구원 잭 커닝엄(Cunningham)이 나를 돕기로 하였다. 당시 랩 내부에서 가능한 한계가 있어서 이를 뛰어넘는 IBM 연구소 E빔 그룹의 도움이 필요하여, 나의 소자 구조를 설명했다. E빔 그룹이 이해하고 IBM과 공동연구의 허락을 받았다.

그러나 Bell과 IBM 두 곳의 공동연구 추진은 사실 쉽지 않았다. 법적인 문제가 얽히기 때문인데 시간이 걸려서 양측의 법무 담당자들에게서 최종 승인을 받고, IBM 연구원들(Erik Anderson & Steve Rishton)을 만날 뉴욕주 요크타운 하이츠(Yorktown Heights)의 IBM 중앙연구소를 방문했다.

IBM 연구 미팅 설명 후 E빔 그룹의 스티브 리시턴(Rishton)이 안내한 E빔 장비는 세계 유일한 시설로 자체 제작한 것이었다. 초기에 코넬대학에서 150nm 폭의 원을 150nm 간격마다 150nm 깊이의 동심원 그레이팅 CCG로 순간순간 그렸다. 당시에는 250nm 간격에 75nm 틈과 175nm 벽의 동심원들을 분당 약 100개씩 쓱쓱 제작하는 마술쇼를 스크린에 보여주었다.

잭과 논의하고 이쪽 법무 팀에게 의견을 구하였다. 그건 내가 원하는 대로 결정하면 된다고 했다. 카이스트로 연락하니 그 정도는 자체 E빔으로도 해결될 것이라는 반응이어서 결국 공동연구는 착수하지 못하고 귀국하였다.

사실은 국내에서 할 수가 없는 특수 공정이었다. 후회가 밀려왔다. 특허가 다 뭐냐, IBM 기술로만 가능한 결과를! CCG 공간 광교환소자 제작을 놓친 것이다. 일생 단 한 번의 기회를 날려버린 우매함, 판단 실수를 한 것이다.

수년간의 좌절
: 카이스트 광전자 ERC 중간 평가 탈락 및 비운들

위에서 리뷰한 대로 연구가 시원스레 앞으로 나가질 못하는 시간이 흘러갔다.

광전자 ERC 책임자 권YS는 의욕적이었는데 중간 총평가에 실패하여 모든 팀이 해체되었다. 어느 대학, 누가 모질게 심사하며 어깃장을 놓았을까? 설이 서로 분분. 이 충격이 심하였기에 아마 수년 후 그가 요절하는 큰 아픔이 되었을 것이다.

ETRI 이YT가 JIST 교수로 이적하고 그곳의 백UC 교수가 깃대를 꽂은 ERC에 우리 학과 4명의 교수가 팀으로 참가키로 했다가 약속 파기로 끝났고, 한국연구재단에 항의해도 방도를 찾을 수 없었다. 일단 ERC? SRC? 들을 가져왔다 하면 센터장의 독재가 가능하고, 재단은 멀뚱멀뚱했다. 중간 역할을 맡았던 이YT 교수는 문제를 해결하지 못하고 미안해하였는데, 오히려 자신의 분야장 멤버십까지 뺏기고 말았다. 백 교수의 약속 파기로 결국 나의 학과에서 공동연구를 계획한 것들이 허공으로 날아갔다.

이참에 JIST로 이적하자는 오퍼의 괴상한 소문에는 내가 동의하지 않았다. 같은 공학동에 있는 전자계산학과 경우 교수들의 이직률이 높은 걸 보았다. 그러나 실험실을 운영하는 교수들, 더구나 레이저 소자처럼 광학

부품 등이 다양한 경우 타 대학으로 이직하는 것은 거의 불가능하다. 드물게 광소자 분야 정JC 교수가 이직했는데, Bell 연구소 1년 방문 기간 후 돌아오니 그사이 이직했다. 카이스트나 SKY 등에 비하여 나의 학과가 유달리 광전자에 미약한 것도 보았겠다, 시골이어서 가족들이 입는 피해도 몹시 민망하였겠다. 먼저 간 권YS의 남모르는 안타까움도? 그는 혹시 대학 소시오패스에 걸린 사람처럼 지내지는 않았나. 집에서 힘들지 않았나.

나의 선임 김DM 교수가 이직한 경우도 빠뜨릴 수 없다. 내가 소개한 그의 부임은 김호길 학장이 면담하고 결정하였다. 내가 방문 연구 후 귀국 시 그는 과 주임교수로 만족스럽게 재직한다고 느꼈다. 그런데 반년 후 내가 과 주임직을 맡도록 갑자기 조정되었는데, 그것이 그를 몹시 분노케 한 듯했다. 그의 부임을 김 학장이 정하였고, 김 학장은 총장이 되었지만 타계했고, 이제 전자과의 교수가 2대 총장이 되었다. 분노는 어디서 무엇 때문에 왔을까. 얼마 후 김DM 교수는 서울의 고등과학원으로 이직했다. 심한 비유이지만, 생각으로 논문 쓸 도구만 있어도 일할 수 있는 이론 교수이므로 이직은 벼락처럼 가능했다. 그는 선임 교수로서 논문, 과제 업적 등이 출중하여 금방 이직도 했고, 총장은 동급인데 같은 학과에서 학문으로 내세울 것은 비교 불가하여 생략한다.

그러나 대우는 엉뚱하게 '기울어진 운동장'이지만 무시하고 학과 주임이란 보직교수 봉사를 열심히 하면서 어떤 기대를 하였을 수 있다. 그런데 그것이 무너짐을 심하게 느낀 것이 아닌가. 이때 호소할 데라고 여겼거나 울분을 삭일 수 있던 초대 총장은 갑자기 없다. 이런 억울하고 허탈한 심정으로 떠난 것이라는 나의 판단이 부정확할 수 있으나 학과의 시각으로 몹시 안타깝고 기댈 언덕도 없다.

수년 후에 학과 교수들과 김DM 교수 이직 문제를 학과 발전 차원에서 많이 제기하였던 바가 있다. 지금은 관련 교수들도 이미 떠났으니 이 정도만 논의를 공유하는 것이 후진들의 거울이 될 것이다. 한 집단에 소시오패스 냇물이 줄줄 흘러서 학과가 퇴보하는 하강 계단을 경험하니 더 이상 진취성 없는 이런 역사는 밟지 말아야 함을 다음 세대가 새길 일이다. 후술하는 카이스트 역사가 반면 거울이다.

물리과는 노교수들이 은퇴를 많이 했는데, 젊은 교수가 고온초전도체 연구를 열심히 하다가 이직한 경우가 발생, 그 몇 년 후 불행한 최후를 맞았다.

앞에 예를 든 바 이YT 교수의 JIST 사례로 광전자 ERC 인연은 포항공대 전자과 교수들로 구성하여 공동연구 약속을 문서로 받아놓고 일을 추진하였어도 결과는 마찬가지, 약조 문서도 무시된다.

> 백 교수님, 제3 총괄 과제예산 제출서류 list입니다.
> 권오대, 정H, 신SY, 한H, 엄JS
> 다른 1, 2 총괄 소속의 임GH, 전KH, 박WS 교수들과는 통신이 두절…(1997. 10.)

위처럼 초기 협조 도중에 중단을 맞았다. 이 운명은 다시 계속되었다. 성실한 전기과 후배 이EH 교수가 ETRI에서 인하대로 옮기고는 광전자 ERC를 신청하는데 공동 협력을 다시 했다. 그 노력은 다시 허사였다.

2장

동·서 냉전의 종식과 그 여파

80년대 중반 국제 정세와 한국
— 사하로프 & 고르바초프

1980년 이후 레이건의 미국은 전략방위구상(Strategic Defense Initiative: SDI), 소련의 핵미사일을 대공 레이저로 격추한다는 이른바 '별들의 전쟁' 계획을 추진하여 동 · 서 냉전의 우위를 점한다는 공세와 미국의 온건파와 유럽의 그린(Green) 환경 활동 세력 사이의 중립 공간에서 평화 개념이 배태되고 있었다. 전쟁과 평화의 혼돈이 세계를 짓눌렀다. 시민들은 〈Dr. Strangelove〉라는 영화를 주목했다. 미소의 균형이 깨지며 핵폭발과 지구 종말의 영화로 엄청난 영향을 끼쳤다. 〈2001: Space Odyssey〉를 감독한 스탠리 큐브릭(Stanley Kubrick)의 명화다. 이런 동 · 서 냉전의 역사가 줄곧 전개되던 시대였다.

1980년대 초 나는 Stat. Phys. 통계물리학회에 참여했었다. 미 뉴저지주 러트거즈대학교에서 춘 · 추계 정기 학회로 열리는데 50여 명쯤 참여하는 소규모 학회로 서로가 익숙한 학자들의 세미나들이었다. 프린스턴대학교의 다이슨(F. Dyson) 교수 등이 유명 강사인데, 파인먼(Feynman)과 코넬대학 소립자 물리 그룹에서 WW2 직후 같이 연구했던 그는 다윈 진화론 경향을 강의했다. 그는 코넬대 초청 "Nov. 11 Convocation" 평화 강연을 하기도 했다. 휴식 시간에 소련을 방문한 얘기들을 나누는데 사하로프(A. D. Sakharova)*를 만나서 무슨 얘기를 나누었다는 등의 미소 학자 사이의 대화 내용을 듣곤 했다.

고르바초프의 등장은 처음 서방 세계에서 별다른 관심을 끌지 못했다. 최고 지도자가 잇달아 교체되고 마침내 50대 중반의 비교적 젊은 사람이 자리를 차지하게 되었다.

1970년대만 해도 미국과 어깨를 겨루었던 소련의 국력이 80년대 참담한 상태임을 고르바초프가 지적했다. 무능, 부패, 지나친 평등주의 소득 균형 사회에 따른 과학기술인 등 전문 인력의 의욕 상실 등을 꼽았다. 1984년에는 영국 마거릿 대처를 만나는 등 서방의 힘을 체감하며 개혁 방향타를 잡았다.

고르바초프는 1987년에 중거리핵전력조약을 맺어 상호 군축에 합의했다. 또한 1988년에 아프가니스탄에서 소련군을 철수, 동구권 사회주의 체제 몰락과 독일의 통일을 묵인했으며, 1990년에 수교한 한국을 비롯한 종전의 적대국들에 문호를 개방하고, 1990년 이라크의 쿠웨이트 점령 때 미국의 입장을 지지했다.

이는 서방 진영에 큰 변화로 받아들여지고, 고르바초프야말로 이 시대의 평화의 사도라는 인식을 널리 심었다(그 인식은 1990년도 노벨 평화상 수상으로 공인되었다). 하지만 그 이면에는 현실적 고려가 작용했다. 냉전기 내내 우월한 경제력을 가진 서방과의 무리한 군비 경쟁을 지속하고, 냉전적 지정학에 따라 아프가니스탄 침공 같은 무리수를 둔 결과 과도한 국방비로 재정이 파탄에 이르러 있었기 때문이다. 더 구체적으로는 레이건의 미국이 추진 중이던 전략방위구상(SDI), 이른바 '별들의 전쟁' 계획이 소련의 핵미사일을 무력화할 것이고, 그러면 군비경쟁은 패배로 끝날 수밖에 없기 때문에 그에 앞서 상호 핵 구축을 추진하는 게 이득이라는 속셈도 있었다.

---

* A. D. Sakharova(1921~1989), 소련의 반체제 핵물리학자.

응답하라 1988
— 가자 북으로

한국 사회의 1980년대는 앞장에서 본 냉전 해빙의 세계 조류와는 결이 달랐다. 5공 정권의 압박이 1987년 6월 29일 선언으로 풀려갔다. 올림픽의 1988년, 포항공대 경우의 "응답하라"가 숨차게 흘렀다. 애송이 포항공대에 혼란의 첫 파도가 엄습했다. 일찍이 이화여대 총학이 포항공대 총학으로 편지를 보냈다는 루머가 돌았다. 편지에는 가위 하나를 그렸더라였다. '포항사관학교'라는 검은 별동부대에 조명탄이 투하되었다 할까.

학생들을 위한 문화프로그램 초기 김용옥, 김동길 교수를 초빙한 경우 시내 일반인 청중들도 많았다. 한편 대중의 인기와는 무관한 경우의 예로 87년 초기에 김영식 서울대 교수를 초청했다.

과학사 및 과학철학 협동과정 주임교수인데, 원래 서울공대 화공과를 졸업(거의 서울대 수석 졸업. 당시 학점 추격에 집중한 전기과 주덕수 총장상), 하버드 대학 화학과 석사, 화학물리로 Ph. D. 후* 바텔연구소 부임. 다시 프린스턴대학교의 쿤(T. S. Kuhn)에게서 과학사 Ph. D.를 이수하고, 서울대 화학과로 귀국하여 과학사 과정을 처음으로 열었다. 그의 "과학은 가치중립적

---

* Kim-Gordon 모델 연구. 이는 3-body 상호작용의 중요 연구논문.

인가?" 강연으로 폭넓고 깊은 과학사를 소개해 주었다. 총학생회 학술문예부장 이YS가 "학생들 교양 증진 노력에 감사하며" 그러나 문화프로그램에 "학생들의 의견 반영" 협조를 요청해왔다.

> 주제: 진정한 대학 문화란 무엇인가?
> 연사: 한완상(서울대학교 사회학과 교수)
> 일시: 88년 5월 16~17일 중 예정
>
> 이 행사를 가지려는 취지는… 한반도의 대학인으로서 진정하게 민족의 아픔을 인식하고… 대학인의 사회적 역할에 대해…

축제 기간 5월 광주항쟁 자료집이 돌려졌다. 항쟁의 요약과 주역 문제, 민주인사들의 소극적 태도, 공수특전단 이동 관련, 미국은 몰랐는가 등등. 지금 논란이 많은 북한 개입설은 당시 등장하지 않았다. 90년대 중반 5, 6공의 전두환, 노태우를 재판하는 과정, 전두환 측이 파견한 공수사단 병력이 신중하도록 지휘한 윤흥정 사령관(전남, 광주 지역)이 증인이었다. 그가 화천 27사단장이었을 때 나는 사단 작전처에 연락장교 소위로 파견되어 전역까지 멋진 인연으로 복무하였고, 그는 월남전에서 복귀 후 후덕한 사단장이던 기억이 남는다.

이미 봄 축제 "88 해맞이* 한마당"이 계획되고, 장GH 총학회장 인사말은 "… 분단 조국의 현실, 외세에의 종속 심화… 이번 해맞이 한마당을 통해… 포항공대인이여! 고개를 쳐들어 조국을 바라보라"였다.

---

* '해맞이'는 86년 여름 처음 부임하던 교수들이 묵은 '영일'대 이름. 학장은 학내에서의 정치활동 불허를 천명했다. 총학생회는 이애주의 '살풀이춤' 춤판으로 바꾸려 했다. 학장은 그 대신 한완상 강연을 가을의 '형산제'로 연기하는 조건으로 개최를 허가했다.

대학 밖 5공 사회가 요동치던 당시 조용하던 대학 분위기도 변했다. 앞장에 요약한 80년대의 국제 정세, 동ㆍ서 냉전의 해빙 무드와는 판이하게 '남은 해빙, 북은 결빙'의 역행하는 한국 사회 흐름이 파도처럼 몰려왔다. 따라서 포항공대에 부는 미풍도 급변하는 해빙기 국제 정세와 무관하되 오히려 5공 정권에 대한 심판을 앞세운 민주화 요구의 거센 바람이었다. 아래처럼 5공 정권에 역행하는 민주통일운동, 남북 학생 교류 활동이 분출했다.

가자 북으로

1988년 8월 9일 오후 5시 "통일선봉대 포항행진" 대구 경북지역 학생들이 포항에 집결, 송도 해수욕장-시내 중심가-시외버스터미널 경유, 경주 동국대학으로 가는데, 이 학생들이 포항공대를 지날 수 있으니 교직원들의 유사시 대기 명령이 전달되었다.

포항집회에 참석한 학생들 9명(김IH, 유HJ, 윤TC, 이SG, 이YH, 이CS, 정YS, OOO, 최KL)은 포항집회가 약화되어 경주 동국대에서 열린 대동제에 참석하고, 이 때문에 학생처장과 생긴 시비는 대자보로 학생들에게 알렸다.

한편 포항을 떠난 주력 선봉대는 경산 대구대학, 계명대학 환영식, 대구역 집회, 경북대 도착, 대전역 광장 집회, 충남대 도착, 연세대 도착.
8월 14일 대학로에서 평화통일 대동제. 남북학생회의를 위하여 15일 임진각 도착.

1988년(통일 염원 44년)

10. 27~29. 제2회 형산제는 부학생회장 김IH의 주도로 열렸는데, "…
이 못난 사회를 위해 뭔가를 할 수 있는 대학… 조국의 하나 됨을 뜨겁게
저 산과 저 강과 저 하늘에 부끄럽지 않은…"이라고 선포했다.

> 형산제의 전야제 강연
>
> 주제: 새로운 국내외 변화 속에서의 우리의 진로
> 강사: 한완상 교수(서울대학교)
> 장소: 강당
> 시간: 1988년 10월 26일 오후 7시 30분
> 주최: 총학생회, 문화프로그램위원회

문화프로그램위원회는 이와 별도로 1988. 9. 22. 오후 7시(기술한 바)
도올 김용옥 전 고대 철학 교수를 초청, 강당에서 포항시민들도 참여했다.
"나는 우리의 역사를 어떻게 바라보고 있는가?"를 강연했고, 김호길 학장
도 참석하여 경청하고, 후일 다시 초빙한다고도 했지만 성사되지는 않았다.

대학원 신설 허가 및 방사광 가속기 건설

포항공대 대학원 개설 건, 문교부에서 허가를 받고 생명과학과도 신설 요청하였다.

1988년, 이듬해 총 석사 250명, 박사 70여 명 정원으로 되고… 결국 석사 500명, 박사 500명 정도로 성장하는 목표를 설정함.

포항 방사광 가속기 연구소도 건설한다. 김호길 학장은 가속 장치 건설에 여러 가지 협조를 당부했다.

사실 학장은 개교 전 이미 가속기 센터를 후속 사업으로 상정했고, 성공적인 포항공대 설립에 만족한 TJ가 학장의 개교 성공에 답례했다.

호사다마인가? 학장은 두 마리 토끼를 쫓기 시작했는데 우수함을 지향하나 우려도 시작되었다. 결과적으로 가속기 준공 전 유명을 달리하고 대학의 급성장형 발전이 막혔다.

가속기 건설에 실제 투입되어 땀 흘린 전자과 교수들은 전자장 YS 교수, 제어 SC 교수, 제어/컴퓨터 KH 교수, 플라즈마 BK 교수, 전력전자 BH 교수 등이었다. 물리학과는 스펙트로스코피, 플라즈마, 진공기술 등 user 분야에 주로 치중하였다. 그러므로 건설 기간 주축이 된 이들은 전자과에서 차출된 교수들이 많았고 그만큼 학과 교육에 지장을 초래했다. 원래 계획이 그렇게 될 것이었고, 학장이 내세운 키워드 노벨상급 연구도 물리학과의 후속 연구의 결실들이 그렇게 맺히도록 하자는 것이다. 하지만 물리학과를 특성화한다는 방침은 방침으로만 그친 듯했다.

물리과 교수들 분야는 그만큼 가속기로 편중되니 분야들마다 적정 성장에 짐이 되고, 연구 분야의 다양성에서 오는 활력이 약화되고, 90년대 초 전국 대학 물리학과 평가에서 아마 그런 네거티브 영향을 받았다.

무엇보다도 청운에 부풀어 부임한 많은 조교수 부교수 중엔 다양한 꿈을 실현하려는데 기회가 쉽지 않은 현실에 좌절했다. 부교수 말년 고참 꼬리표를 달고 있는 내게로 그러한 우려의 화살들이 날아왔다.

'똥차가 우릴 막고 있네.'

포항공대 방사광 가속기(Synchrotron Radiation Source) 예산은 700억에서 시작, 약 두 배로 늘어나며 골칫거리로 변했다. 선물을 주려던 TJ, 우선 두 배가 되면서 골치를 앓은 학장 모두 스트레스가 아닐 수 없었다. 결국 학장이 미국 출장 중 수술을 받으며 마취되었다가 깨어나는데 '가속기 & RIST'를 불러댔다고 해서 그가 받던 스트레스를 짐작할 수 있었다.

학생들의 스트레스와 어느 대학원생

가속기와 관련 없지만 팍팍한 대학 생활에 학생들의 정서적 불안정도 적지 않았다.

앞에 요약한 바나 뒤에 약술할 한아패 사건 등이 그렇다. 일반대학이라면 대서특필될 총학생회와의 마찰들이 대학 상황과 무관치 않다. 전자과에서는 안CS가 심리치료로 입원하고, 안SJ도 고생, 심지어 이SE의 자살 비극까지 발생했다. 특히 이SE은 91년 광전자 과목 숙제로 당해 년의 해외 논문을 열심히 공부한 텀페이퍼를 써낸 것이 인상적이었는데 말 한마디 없이 가다니….

전산과 88년 첫 입학 대학원생 BKS는 1년 후 4월 지도교수에게 휴학을 신청하고 나를 찾아왔다.

대학교에 입학 후 장렬했던 광주 5·18을 알았고, 87년 6월(6. 29.) 거리의 감동과 함성을 하루라도 경험해 본 저로서는 과학원에도 군대 병역에도 가지 않고 포항공대 대학원으로 진학한 것은 우리나라 사회 발전에 쓸모 있게 쓰일 수 있는 인간, 실제로 착실히 공부해놓은 인간이 되고 싶어서였고, 창조성과 자발성… 학교가 학생, 교수, 교직원이 서로 존중하는 것과 다른 상황 변화가 발생… 현재 제 깊은 내적 욕구로는 지금의 생활을 계속함이 불가… 흔히 어느 곳에도 있는 평범한 대학원 생활을 기대하고 온 것은 아니었지만….

대졸자인 내가 더 이상 자신을 속이고 있는 상태에서 대학원을 계속 다닌다는 것은 누구에게도 진정한 삶이나 행복에의 도움은 될 수 없을 것이기에 휴학을 요청합니다.

기본적 문제들·

— 다른 학문(예: 인지생물학, 문학) 또는 사회의 다른 면에의 욕구.

— (89. 3. 2. 통고) 낮은 성과로 장학금을 중단한다. 사전경고가 없이, 당사자의 소명도 없이 결성함. 대학원생의 기본 권리가 부정됨. 대학원 생활 욕구 감퇴.

— 대학원생은 교수의 노예임을 수용하라는 주장(김호길) 및 그렇지 않을 경우 지도 포기. 지도교수이며 주임교수님이 대학원생 인권을 무시하는 일을 더 이상 받아들여서는 안 되겠다고 느끼게 됨.

— 본인은 4월 서울대 전산학과 대학원 설명회 후 뒤풀이 중 후배들에게 포항으로 오라는 말을 할 수 없었습니다.

한아패* 사건 요약

90. 5. 14. 총학 간부 전원(9명) 2개 학기 유기정학을 경고하다. **익일 아침까지 사과하면 감면 청원은 가능.**

90. 5. 16. 전원 사과문

[제외··· 숨은 부회장 현SJ··· 1년 유기정학 처분 대학원생 집단 광고··· 한겨레··· 신문사 고소 논란을 일으켰다.]

90. 9. 17. 물리 최MS 군 징계

90. 9. 20. 한아패 행사 추진

[경과 보고, 학생처장 정YH 교수··· 징계는 부당하다는 의견··· 교수 학생 comm 구성 요구 및 강/온 대처 논란이 발생했다.

학생들의 공연 신청 없었음··· 고로 불허 가능하다.

··· 지도위와 교무위 결정 따르자··· 찬95 기권3]

90. 9. 25. 90-9차 회의록: 처장 보고

한아패 공연 강행과 징계 철회 농성

학장··· 학생들의 태도 문제 최MS는 징계한다.

90. 10. 30. 90-10차 회의록

---

* 한반도의 아픔을 함께하는 노래패.

학장 - 축제 종료. 무사

처장 - 34명 징계 대상 특별 관심 요망

학생 학부모들에게 편지 발송

학년별 250명가량의 대학에서 34명 징계이면, 2,000명가량의 기존 유명 대학에선 300여 명의 징계다. 자퇴 등의 중징계는 소수이고 유기정학 경징계라 하더라도 이것은 사회면 톱기사가 될 것이다. 그런데 포항공대 사건은 4대 일간지에 기사보도 없이 지나갔다.

갈 길이 바쁜 '연구 중심 대학' 포항공대 1988은 이렇게 응답했다.

오 꿈의 나라 1 & 2

오 꿈의 나라 1

영화는 1980년 5·18 민주화운동이 진압된 지 얼마 지나지 않은 날 어느 버스에서 시작한다. 버스에 앉아있던 한 남자는 군인이 버스에 들어오자 노심초사하나 다른 청년이 '장발' 트집잡혀 두들겨 맞고 끌려가는 바람에 체포되지 않는다. 그는 '종수'로 전남대학교 2학년생이고, 야학교사로서 5·18에 참여하다가 항쟁의 마지막 날에 광주를 빠져나오던 길이었다.

무사히 서울로 도착한 종수는 자신의 고향 형쯤 되는 '태호'를 찾아온다. 동두천에 살고 있던 태호는 양공주들과 함께 살고 있었다. 태호와 양공주들은 미제 상품을 취급하고 있었는데, 태호는 경제적 성공을 원했고, 양공주들은 미군과의 결혼을 꿈꾸고 있었다. 그 사이에서 종수는 이들에 쉽게 동화되지 못하고 광주로부터의 죄의식과 부끄러움에 시달린다.

한편 태호와 양공주들은 '스티브'라는 한 미국인 브로커에게 빠져든다. 그는 태호와 양공주들을 구워삶으며 이들과 거래를 하려 한다. 이에 태호는 스티브를 믿고 거래를 진행하고, 양공주 중 '제니'라는 여성은 스티브와 결혼하기에 이른다. 하지만 이는 모두 스티브의 농간에 불과했고, 곧 스티브는 이들을 배신하고 자취를 감춘다. 스티브에 완벽하게 속아 넘어가 모든 것을 잃은 태호와 양공주들은 절망하고, 제니는 끝내 자살한다. 태호는 미치광이처럼 난동을 부리다가 미군 헌병을 찔러 체포되고, 종수는 경찰이 온다는 말을 듣고 동두천을 빠져나간다. 동두천을 빠져나가면서 그는 5·18의 마지막 날에 광주를 빠져나오는 자신을 발견하고 스스로 타박하며 절망한다.

오 꿈의 나라 2 ― 미국 속의 제니

한국의 실패한 제니와 달리 국제결혼으로 미국에 사는 제니는 행복하다(시카고 북편). 동으로는 미시간주, 서편은 미네소타 등지에 국제결혼 제니 가족들이 많이 산다. 남편이 직업군인들이면 대개 군 캠프들 주변 군 타운에 살고, 전역한 남편의 제니 가족들은 기타 지역에 산다. 그런 데가 캐나다 접경 주들, 멕시코 접경 지역 텍사스 등지에 위치하고 있다.

1970년대 시작된 대규모 이민 물결 전에는 재미 한인들의 주류가 유학생 신분들이라고 보는데, 유학생 출신들은 거리낄 것 없이 대도시 주변에 곧잘 모여 산다. 70년대 대규모 이민 물결 이전 유학생 출국은 제한적이었다. 우선 미국 대학에 지원하며 장학금을 받을 수 있나 기웃거린다. 토플(TOEFL)은 기본이고 대학원 수학자격시험(GRE)도 치르기 일쑤다. 그것들 위에 유학 시험이라는 '매년 몇백 명' 식의 쿼터 제한이 있다. 대학의 장학금까지 받았는데 유학 시험 턱걸이에 걸려 출국 못 하고 도미 유학에 발목이 잡히는 환장할 일들도 생겼다.

한편 다른 주류가 미국 제니들이 아닐까? 제니들은 특수 신분상 동질적이고 서로가 끈끈하다. 그들은 대도시 지역 유학생 출신 한인들과는 쉽게 섞일 수 없다. 제니들은 유학 시험이 없지만 깊은 상처, 거친 삶으로 언어소통도 어려운 미국의 남편 측 관계도 항상 조심스러울 것이다.

외로운 그들은 어디서 사랑의 시선을 느껴볼 것인가? 그들은 자신의 혈족들에 주목한다. 미국에서 가정이 안정되면 자기가 눈물로 이별한 고향, 한국의 시골에서 고생하는 부모 형제를 찾는다. 6·25 이후 초기의 미국이민 물결은 독립적인 유학생 계보다 국제결혼 제니의 응집력이 강한 부모 형제들과 눈물의 해후에서 시작되었을 듯하다. 수만 명 주한 미군의 1%가 매년 국제결혼 후 제니와 미국으로 귀환한다 하고 어림셈을 해보면, 구체적 통계는 아니지만 당시 도미 유학생 수에 대충 근접한다.

6·25 후 초기 상황에서는 재미 한인 디아스포라의 다수 역할을 제니 친척들이 차지하리라고 본다. 제니의 이민 친척들은 신분의 차별 없이 유학생들 세력과 섞여서 대도시든, 소도시든 잘 살아갔을 것이다.

미시간 거주 기간 새기노한인교회 안덕치 목사님을 따라 미시간 북편 군 타운 지역에 가정 방문을 갔다. 가정 목회에는 기타 지역의 제니들도 몇 명이 함께 예배하고, 점심을 나누었다. 예배 중 안 목사님 중보 기도에 그들의 훌쩍임에 섞여 흘리는 눈물들… 그들 삶의 무게가 그 눈물로 뚝뚝 고이는 듯했다. 그들의 아이들은 이미 고등학생들이었고 훌륭히 크기를….

마지막 성서얘기: 베들레헴의 나오미는 남편 엘리멜렉과 두 아들을 데리고 흉년을 피하여 모압 지방에 가서 우거하였는데 남편 사후 두 아들은 모압 여자 중 아내를 얻었지만 십 년 즈음에 두 아들도 죽었다. 그 후 나오미가 유다 땅으로 돌아오려는 길에 두 며느리가 따라나서지만, 하나님의 손이 나를 치셨으므로 너희로 더욱 마음이 아프다 하며 돌아가라고 한다. 그러나 룻만은 어머니의 하나님이 나의 하나님이 되시고 어머니 죽은 곳에 나도 죽는다며 돌아가라 강권하지 마시라고 결심을 굽히지 아니하매 두 사람이 베들레헴으로 돌아간다. 룻은 오벳-이새-다윗왕(증손자)에 이른다. 다시 14대 바빌론에서 14대 그리스도에 이르니, 룻 다음 30대만이다.

성서의 결론: 그리스도의 조상 룻은 모압 지방에서 온 제니다.

미 부대사가 대변한 미국의 한국관

미 대사관의 크리스텐슨(R. A. Christenson) 부대사가 최근 포항공대에 초청 강연을 하러 왔다. 평화봉사단원을 자원하여 1967년 전라남도 목포로 와서 2년간 있은 것이 한국과의 첫 인연이었다. 1973년 워싱턴대학에서 석사학위를 한 후 약 3년간 주한 미 대사관의 부영사로 근무하였고, 다시 94년부터 2년간 미 외무부 한국 담당, 96년 이후 지금까지 서울 대사관에서 부대사까지 근무하고 있는 소위 '한국통' 외교관이다. 그의 부인은 한국인이다.

그는 유창한 한국어로 약 1시간의 저녁 강연을 무난히 소화하였다. 그리고 질의응답 시간이 1시간 이상 진행되었다. 다양한 학생의 질문이 이어졌다. 특히 다음의 주요 쟁점들의 문답이 있었다.

질문 1: 21세기 한미관계를 어떻게 전망하는가?

부대사: 미국이나 중국 모두 거대한 나라다. 그러므로 서로 껄끄러운 점들이 있지만 참는다. 그래서 서로 공존 관계를 유지하게 될 것이다. 한국은 그 사이에 있는 나라로 파악한다면 좋은 미·중 관계에 상응하는 한미관계를 예측할 수 있을 것이다.

질문 2: 주한미군들이 한국 여자들을 강간했다는 등 사건들이 생길 때 조사도 잘 이루어지지 않고 있다 한다. 전쟁을 많이 억제하여 주는 것을 감지덕지해야 하는지 우리 쪽은 잠잠하다. 그러나 이렇게 하는 '미국이 정말 우리의 친구인가?'라고 의심하게 된다.

부대사: 바로 SOFA(Status of Forces Agreement: 한미행정협정) 문제이다. 매우 껄끄러운 문제다. … 특히 말썽이 되는 것이 '신병인도'(custody) 시기 문제이다. 한국 측은 미군 피의자의 신병인도를 현행 형 확정 시점에서 기소 시점으로 앞당겨야 한다고 주장하고 있는데 협상이 계속되고 있다.

미국이 한국에 끼친 세 가지 크레딧

질문 3: 부대사는 미국이 한국에 좋은 영향을 끼친 세 가지 크레딧을 언급하였는데, 그것에 대하여 전혀 다른 시각도 존재한다는 것을 지적하고 싶다. 첫째, 한국이 해방된 것에 미국의 크레딧이 있다는 점에서 사실 미국은 한국 해방에 관심이 있었던 것이 아니라 일본을 패망시킨 결과에 따라온 것일 뿐이었다.

둘째, 한국의 경제발전에 미국의 크레딧이 있다는 점에서 미국이 한국의 경제발전에 관심을 보인 것은 그것이 상호 무역 등 미국의 이익을 위한 정책 과정에서 발생한 것이다.

셋째, 한국의 민주주의에 미국의 크레딧이 있다는 점에서도 역시 미국과 비슷한 정치체제가 되어야 무역 등등 상호 간의 일들을 진행하는 것이 용이해지니까 미국식 민주주의를 심은 것이라고 본다. 미 군정 정책도 그런 맥락으로 파악할 수 있다.

부대사: 미국은 미국의 이익에 맞게 모든 일을 한 것이라고 지적한다. 맞는 말이다. 그건 뻔할 뻔 자이지 뭐. 한국의 이익과 미국의 이익들이 중첩되는

부분에서 외교 활동이 생겨나는 것이다.

보충 질문 4: 한국 민주주의 발전에 크레딧이 있는지 1980년경의 상황에 비추어보자. 그때는 미국이 한국을 충분히 아는 시기였다. 그때 미국이 한국의 민주주의를 생각했다면 김재규의 사형을 막아주었을 것이고, 그랬으면 광주학살사건까지 악화일로의 역사는 없었을 것이며, 지금 같은 반미 감정이 유발되지 않았을 것이다. 즉, 한미관계 및 미국의 이익에도 도움이 되었을 것이며, 가장 암울했던 80년대는 한국 민주주의 번영의 시대가 되었을 것이다.

부대사: 대통령을 살해한 범인을 사형시킨다는 것에 미국이 개입할 수는 없다. 그리고 CIA(미 중앙정보부)가 박 대통령 시해 사건을 일으킨 김재규와 관련이 있느니 하는 낭설은 일고의 가치도 없다. 12·12 사건을 일으키며 전두환이 부상하면서 이듬해 한국 민주화의 기회로 다가온 '서울의 봄'을 억누른 것은 잘못된 것이나 미국이 조정할 수 있는 것이란 없었다. 그 후 1980년 광주학살사건까지 마찬가지로 전두환은 우리를 여러 번 속여 가며 일을 저질렀다. 전두환이 여기에 앉아있다 하더라도 나는 똑같이 얘기할 것이다.

보충 질문 5: 그러나 한국의 민주주의를 옹호한다는 우방 미국이 할 수 있었던 중요한 일을 하지 않았다. 12·12에서도 5·18에서도 전두환 세력은 군을 함부로 이동시켰다. 당시 미군 사령관이 가진 군 작전권으로써 전두환 세력의 불법 군 동원을 응징하여 그의 세력의 준동을 저지할 수 있었다. 그러나 미국은 그렇게 하지 않았다.

부대사: 그렇지 않다. 군작전 통제권은 1978년경부터 한국이 가지게 되었다. 그후부터는 한국군의 사후 보고 체계로 바뀌었다. 12·12 때 전두환은 군을 감쪽같이 이동시켰다. 미국은 전혀 모르고 있었다. 그러나 5·18 때는 알

았다. 당시 글라이스틴 주한 미 대사가 최근 낸 회고록을 보면 그때 그는 전두환의 병력 이동을 알고 있었다. 그러나 그는 전두환이 5·18 같은 끔찍한 일을 벌이리라고는 꿈에도 생각지 않았다.

3장

경영다각화 — 박태준, 김호길

경영다각화의 역행
: 정보통신연구소 박태준 묵언

개교 시 1987년 벽두 박태준의 뜻이 교수들에게 전달된바 역시 포철 '경영다각화'였다. 반도체에 관심을 보인다는 소리에 나는 IBM의 강성권 박사로부터 김경민 박사를 소개받고 안내하였다. Si 웨이퍼 생산업체인 미국 Siltron 회사도 접촉했지만, 수년 후 SK 실트론이 생기고 포철의 방향은 달랐다.

'경영다각화'라는 큰 모습의 실체는 묘연한 가운데 몇 년 후 말썽 많던 역사의 파행에 나대로의 아쉬움을 적는다. SK가 실트론을 가져간 92년경 SK와 포철이 심각하게 대립한 것이 하나 더 있으니 이동통신 사업권이었다.

1992년 6월경부터 93년 초까지 혼란스러운 기사들이 경제계 전체를 뒤흔들었다. 약 30년 전이지만 여러 언론 보도에 근거한 요약은 다음과 같다.

당시 복잡하게 얽힌 상황을 알기 위해 제2 이동통신/6개 컨소시엄 사업 신청이 완료된 1992년 6월부터 되짚어본다.* 2000년에 2조 원 이상의 시장이 형성되는 제2 이동통신 사업에 참여키 위해 6개 컨소시엄(국내

---

* 이기준 · 김일, 「중앙일보」 1992. 6. 26.

외 440개 기업)이 내는 사업신청서가 26일 체신부(=정통부)에 접수됐다.

각 컨소시엄은 그룹의 미래가 달린 이 사업의 준비를 위해 재력, 인력, 인맥을 최대한 동원해 마련한 주사위를 힘껏 던졌고 체신부는 두 달간의 극비 심사 작업에 착수했다.

이 사업의 이동전화 부문 사업신청서가 체신부에 접수된 26일 6개 컨소시엄이 2.5t 트럭 11대분의 신청서류를 서울 광화문의 체신부로 제출했다.

이 사업은 2000년대의 재계 판도를 바꿀 수 있는 황금알 낳는 거위로 불러 마지막까지 컨소시엄 간 막후 비방전이 계속됐다(교수 등으로 구성된 심사평가전담반은 7월 중순부터 한 달여 동안 비밀 장소에서 대학 입시 출제팀처럼 격리된 채 방대한 서류와 한여름 밤의 씨름을 벌여 업체별 성적을 매기게 된다).

'이동통신 사업권 선정' 백지화, 재심 요구

선경그룹의 대한텔레콤 최종 선정[*]

94년 1월부터 서비스가 시작될 제2 이동통신 사업 허가권. 정·재계는 물론 일반에까지 최대의 관심을 모았던 이동전화 사업 부문은 드디어 선경그룹의 대한텔레콤으로 최종 낙착됐다.

송언종 체신부 장관은 선경(대한텔레콤), 코오롱(제2 이동통신), 포철(신세기 이동통신)이 제출한 7월 30일 1차 심사를 발표 통과한 8월 20일 발표.

체신부 14층 중회의실에서 실시된 이날 결과 발표 중 이동전화 부문에서 선경은 1만 점 만점 중 총 8,388점을 얻어 포철의 7,496점, 코오롱의 7,099점을 큰 점수 차로 제치고 최종 결정됐다.

92년 8월 20일 자 동아일보 사설에 의하면 시작부터 "SK가 선정된다"는 걸 충분히 예견했다고. SK(당시 선경)가 현직 대통령과 사돈 관계이기에 이미 확신했다고 썼다.

관련된 경영다각화 문제는 포철뿐만 아니라 한국 사회가 직결되고 포항공대의 장래를 좌우하는 문제이기도 한데, 이 역사를 구슬에 꿴 적이

---

[*] 「중앙일보」 1992. 8. 20.

없어 여기에 요약만을 옮긴다.

한편 노태우 대통령이 제2 이동통신 사업자 선정을 연기해달라는 김영삼 민자당 대표의 거듭된 요청을 묵살, 정부가 8월 20일 예정대로 '선정 결과 선경'을…

22일 청와대가 긴급 소집한 수석비서관 회의에서 김중권 정무수석은 김영삼 대표최고위원이 '청와대의 정직성과 도덕성에 흠이 있는 것' 같은 지적을 심각하게 본다고 했다.

김학준 대변인은 "대통령께서는 하늘을 우러러 한 점의 부끄럼이 없다"는 말씀을 하셨다며 결정의 번복이나 재고는 불가하다 했다.

25일 민자당 총재직 사퇴를 앞둔 노 대통령은 24일 김 대표를 비롯하여 3 최고위원을 초청, 갈등 해소를 시도할 전망이다.*

제2 이동통신 선정 의혹이 A급 태풍이 되었다. 현 정권 임기 중 결정이란 무리수가 국민 불신을 증폭시켰다. 국가원수의 도덕성에 치명적 흠집을 냈다.** …

결국 삼일천하 물거품이 되었다. 탈락 업체들은 기사회생 계기에 반색하고 재심 기준의 공정성을 요구했다.***

---

* 「조선일보」 1992. 8. 22.
** 「한겨레」 1992. 8. 23.
*** 「조선일보」 1992. 8. 25.

'이동통신 백지화' 업계의 반응들

선경은 법률적 하자나 절차의 잘못이 없었던 만큼 재참여에 열성적이고, 포철은 공개 경쟁을 통한 재선정에서 자신이 있다고 한 반면 코오롱은 업계에 돌고 있는 선경·정부의 제2 밀약설이 무성함에 민감했다.

제2 이동통신 빠르면 2개 사업자
1993년 상반기 선정(체신부)

이동통신 복수 선정… 6개 그룹 다시 "준비"

_ 입력 1993. 1. 14.

시행 시기 94, 95년 1년 간격 검토.

기술 방식 달리해도 큰 문제 없어.

선경/포철/코오롱 등 컨소시엄 재점검… 관련 조직도 확대.

위의 요약을 보면 다시 더 선정하겠다? 혹은 아니다 양동작전이다?
정말은 뭐가 될지 다음 역사로….

체신부(현 정보통신부)는 1993년 1월 14일 제2이동전화 사업자를 조기
선정한다고 발표했다. 윤동윤 체신부차관은 13일 발표… 차기 정부가 사
업자를 복수로(YS정권)

결국 제2이동통신은 2개 사업자로 빠르면 1993년 상반기 선정하기로
된 것이다(체신부).

포철 떠난 박태준의 장기 외유와
국가의 무책임

국내에선 정치적으로 멍들었지만, 해외에선 대접받는 기업인*

포철에서 명예회장으로 추대받은 박태준은(8월 25일 3 최고위원 회동 후) 1992년 10월 17일 민자당 탈당, 포항과 광양제철소에 칩거하다가 11월 5일 장기 외유를 시작했다. 12월 18일(선거일)까지의 1차 외유에서는 일본, 중국, 홍콩, 베트남, 미얀마로의 남방(南方)정책을 추구했다.

12월 25일부터 이듬해 2월 20일까지의 2차 외유에서는 인도, 오스트리아, 프랑스, 미국, 일본을 거쳐 세계 일주를 했다. 명예회장의 '명예'가 해외에서 인정받는 기간이었다. 또한 국내에서는 그의 명예가 '멍에'로 작용했던 기간이기도 했다.

선거 당일인 12월 18일 귀국, 서울 서대문구 북아현동 자택의 선거구에서 선거를 마친 박태준은 김영삼 대통령의 당선이 확정된 후인 12월 25일 또다시 외유길에 나섰다.

이와 같은 그의 입장에 대해 포철 핵심들은 그를 명예회장으로 모시되

* 김인영, 「오피니언뉴스」 2017. 9. 20.

스스로 역경을 헤쳐 나간다는 전략이었다.

"박 명예회장이 일선에서 물러난 것과 내부 승진 체제가 계속 유지되는 것이 포철의 가장 큰 문제입니다. 이를 막아내는 길은 자회사 협력 회사가 똘똘 뭉치는 것입니다."

93년 1월 오스트리아 빈의 대통령궁에서 박태준은 오스트리아의 클레스틸 대통령으로부터 '은성(銀星) 대명예공로훈장'을… 하지만 그는 이 외유에서 돌아온 직후 명예회장직마저 내던져 버리고 또다시 정처 없이 해외로 떠나고 말았다.

TJ만 매장, 비자금은 '부장품'
― 노소영 시비*

1993년 5월 31일 오후 3시 서울 종로구 수송동의 국세청 10층 대회의실에서는 포철신화를 이룩한 '철의 사나이' 박태준 전 명예회장(66)에 대한 정치적 '사형선고'가 내려지고 있었다.

"포항종합제철(주)에 대한 세무조사 결과"라는 16쪽짜리 보도 자료가 배포되고 이를 읽어 내려가는 최병윤 대구지방 국세청장의 목소리가 가늘게 떨렸다….

포철은 최근 22개 계열사 중 3개 사를 매각하고 7개 회사를 통폐합 또는 본사에 흡수해 박태준과의 연결고리를 완전 단절… 포철은 25년 만에 '박태준 그늘'에서 완전히 벗어났다.

이렇게 박태준은 타의에 의해 포철과 대학을 떠나 해외를 방랑했고 나중 어렵게 귀국하였는데, 총리직을 잠시 맡고 포철과는 거리두기.

최근까지 이동통신 사업권의 침묵을 깨고, 그 핵심을 최근 노소영이

---

* 「NEWSMAKER」의 심층 추적 칼럼 부분 전제.

노출했다.* 즉, 박태준의 문제는 1992~1993년 통신사업권 선정 과정과 관계가 있다는 사안의 핵심을 건드렸다.

그의 주장은 SK 최태원 회장의 아버지 최종현(구 선경) 회장의 이동통신 사업권 획득이 바로 노태우의 정치적 결정이었음을 의미했다. 그렇다면 SK 대신 실제적 사업자가 되었을 포철과 어떻게 조정할 것인가?

---

* 김종성, 「오마이뉴스」 2019. 12. 11.

고난 속의 학장님,
홀연히 세상을 떠나다

　경실련 사건은 나 혼자 연구하는 것에도 영향을 끼쳤다. 대학이 부담하겠다던 미국 특허 출원 비용도 내가 해결하여야 했다.

　당시 가정도 어려웠다. 어머니는 2~3년 동안 노환으로 고생하시다가 아버지 기일 후 1월 중순 돌아가셨다. 그때 포항 지역은 폭설로 이틀간 경주, 대구지역과 교통이 두절되었다. 간신히 어머니를 합천 선산에 합장하여 모실 수 있었다.

　1993년 초부터 나는 연구연가를 열심히 준비했는데 다행히 벨연구소의 밀러 박사가 SEED 공동연구를 위하여 자기 부서에 초청하였다. 내 아내는 시어머니 노환 뒷바라지 그러고는 장례 후 보름 만에 딸을 낳으며 무리하였지만 가족의 출국 준비를 했다.

　그해 봄여름에는 심신이 지친 학장이 나를 더욱 의식하였다. 회의에서 내가 얘기하는 것을 더 주목하였고 나도 그만큼 말을 더 조심하였다. 어느 날은 극도로 피로하여 병원에 입원하였고 너무 울적하여 학장께 직접 전화를 드렸는데 슬픔을 누를 길이 없어 한참 전화통을 붙잡고 아무 말도 할 수 없었다. 안팎으로 쌓인 스트레스의 모든 굴레를 풀고 나온 것이 연구연가였다.

내가 당시 가속기를 반대하고 평의회 활동 등 학장과 대치한 적이 적지 않았지만, 그래도 인간적인 면이 학장과 은밀히 통하였던 듯하다. 경실련 사건이 있은 지 몇 달 후에는 "내게 미리 좀 설명하고 승낙을 구했었더라면…" 하고 두어 번 개인적인 아쉬움을 표하기도 하였었다. 가속기 건설로 속을 썩이며 기력을 잃고 있던 학장이 안타깝기도 하였다. TJ가 떠난 1993년 여름에는 재정 자립이 취약한 것 등 대학 발전에 차질이 생길 것 같아 대학이 제2의 도약을 이루기 위한 장기 플랜을 마련하는 '대학발전위원회'가 신설되었다. 학장이 나를 지명하여 넣었는데 두 달쯤 활동하다가 벨연구소 공동연구 계약에 따라 9월 초 출국을 보고하며 하직한 자리가 학장과의 마지막 날이었다.

포항공대는 '포항공과대학교'로 이름이 길어지고, 김호길 학장은 총장이 되었지만, 나에게는 '학장님'으로 영원히 남아 있다.

1994년 4월 30일 김호길 학장의 급서 소식을 장인어른의 국제 전화를 통해 듣게 되었다. 그 충격의 밤에 나는 망연하여 대서양 바닷가에 나가 뉴욕 쪽 멀리 캄캄한 바다 너머 베라자노(Verrazano)다리의 불빛을 보며 1년을 끊었던 담배 한 갑을 다 태우며 밤을 새웠다. 나중에 들어보니 그 전날 재단으로 큰 재원이 들어오게 되어 가속기 압박감으로부터 해방되어 마신 술 한 잔과 달리기의 혼합이 몸을 벽으로 퉁겨 내었다는 것을 알게 되었다. 대학과 가속기 관련하여 극도로 긴장된 생활의 연속에서 갑작스러운 심신의 이완과 긴장의 반복이 학장의 신체적 순환을 앗은 것이다. 그리고 그것이 불시에 포항공대를 습격하였기에 대학이 일대 혼란에 빠져들었었다.

TJ 주도 경영다각화를 놓친 포항공대의 혼란기

박태준의 외유에 일부 교수 부인들이 포철 본사에서 울었다.

"예루살렘의 딸들아 나를 위하여 울지 말고
너희와 너희 자녀를 위하여 울라"(누가복음 23:28).

포항공대는 박태준 이사장의 연구 중심 대학 이상과 함께 살았다.
1991년 1월 박태준 이사장 승인으로 정보통신연구소, 정보산업대학원이
설립되었다. 그리고 상공부(산자부) 프로젝트로 승인 사실을 3월 4일 노
대통령에게 보고했다.

대학 내에 연구소 세우기는 그냥 추진케 해도 된다. 박태준 이사장은
무슨 생각에 위처럼 상공부를 흔들고 대통령에 보고하고… 왜 이처럼 급하
게 했을까? 이는 이동통신 사업권 획득에 치중하던 1992년 1년 전이었다.

'대학은 뭘 했나?' 하는 느낌이 혹시 오는가?

너희와 너희 자녀를 위하여 울라.
우리를 위해, 포항을 위해 울라?

물론 교수들 모두 교육과 연구에 바쁘고, 학장 이하 가속기 건설 팀이 따로 바빴다.

가속기 건설 관련 포철과의 협조 방식 진행이 더디고… 700억 원 추측 예산은 두 배로 폭증, 대학은 이렇게 혼란 상태.

1993년 김영삼 정부 출범에 TJ는 떠나고 포철 내에 학교 경영위원회가 발족, 모든 투자와 예산은 물론 주요 사안에 대해 승인을 받아야 했다. 대학 현안들의 지연으로 골치를 앓는 학장은 답답한 상황에 처했다…. 박태준 설립자께서 안 계신 포항공대는 아무런 의미가 없다며 떠나야겠다는 푸념이 들렸다.

일찍이 박태준은 91년 정보통신연구소를 열며 우리에게는 말이 없었다. 1992년 이동통신 사업권 신청도 우리에게 내색이 진혀 없었으나 3당 합당 박태준에게는 1992년 10월 탈당 상황이 존재했다.

그다음 11월 이후 미지의 정치적 태풍에 출국을 시작했다.

1992년 8월의 혼란과 동아일보 및 한겨레신문 보도처럼 심사 부정이 나오고 SK의 선정 무효가 불꽃처럼 튀고 있던 여름에 교수들이 잘하는 것인데 안 한 것이 하나 있다. 심사 내용의 공개, 공정, 투명화 등을 촉구할 수 있었다.

우리는 안 울었다!
우리 대학은 이동통신 문제에 관한 얼어붙은 오징어게임.
무궁화꽃이 피었습니다, 무궁화꽃이 피었습니다, 냉동 부동자세!
꿰다 놓은 보릿자루처럼 생명력 잃은 무생물이었다.
보통의 살아 있는 대학이라면 목석처럼 멍때리고 있지 않고
반드시 물었을 것이다. 죽이려면 죽여 자세로,
심사가 어떻게 부정이냐고!

선정 결과가 어떻게 무효화 되느냐고!

다음은 어떻게 올바른 결과를 기대할 수 있느냐고!

1993년 포항을 떠나던 고 박태준 전 이사장은 교수들에게 어떻다는 한마디 말도 없었지만, 목석이 아닌 이상 속이 검게 타들어 가며 답답했을 듯하다. 포철의 경영다각화가 사라졌다!

"아 박태준! 지못죄!"

바보들은 위인을 잡았다. 지켜주지 못해 죄송하다!

교수들이 이동통신 사업 문제를 제기했다면 상황은 분명한 반전이 있지 않았을까? 5공 시대가 아닌 모두가 모두에게 시끄럽던 때였다. 그래서 언론이 잇달아 문제를 다시 확산하고, 문제의 핵심이 정치적 논쟁으로 비화하고, 그러면 대통령이라도 취임 초기 제멋대로 TJ를 없앤 후폭풍은 문제의 핵심이 되고, 노태우·YS 비밀 협조? 탈이 나고, 제멋대로 정치 수단을 칼 쓰듯 하지 못하고, 그 칼에 자기가 상할 소지가 충분히 있지 않았을까.

당시 모 교수는 심사에 참여했다지만 보안이 철저하여 나도 최근에 알았다. 그렇게 쥐도 새도 모르게 비밀히 철통 같은 보안 속에 결정한 것은 심사 점수 결과를 왜곡한 부정이 아니고 무엇인가?

정부는 그런 부정이 허용되지 않아야 할 행정 책임이 있다. 당시 김학준 대변인이 "대통령께서는 하늘을 우러러 한 점의 부끄럼이 없다"고? 화장실 변기통의 백 분이었다.

특히 대학교수들이 객관적 진실을 요구하면 당장 언론이 나서고 '밀약설' 같은 문제는 당장 폭발한다. 김영삼 대통령 만들기와 노태우 사돈 기업 SK 봐주기 밀약이 있느냐? 이것까지 교수들이 공론화할 필요는 없다.

그러나 심사 내용 공정과 투명화의 강력한 여론은 교수 몫이다. 왜 그런 촉구가 전혀 없었는가? 그렇게 공정의 길을 택하고 포철이 당당히 사업권을 땄으면 경영다각화는 당장 시작되는 것이었다.

'경영다각화'라는 큰 모습의 실체는 사라지고!
박태준은 YS에 의해 포철과 대학을 떠나 해외를 방랑했고
병을 얻으며 어렵게 귀국하였지만 아쉽게 타계하였다.

너와 나는 무얼 느끼는가?
지켜주지 못해 미안하지 않은가?

서울공대 백서,
『공학교육은 발전하고 있는가?』

1991년 8월 대학교육협의회(대교협) 심사, 1992년 포항공대 전자과를 전국 1위로 평가, 포항의 자극제가 서울대 공대 학장을 움직였다(1991. 3.).

그는 『공학교육은 발전하고 있는가?』라는 105페이지짜리 공대 백서를 발간했다.

그즈음 1993년 4월 학장(부학장, 교무처장 포함)과 대화가 있었다. 이동통신 사업권은 없었다.

학교 문제 토의 내용

1. 포항공대, CALTECH과 같은 명문대학화 설립 취지 구현 중인가? 동의하는가, 회의적인가?
2. 장기 발전 계획: 재단 측과 협조는 원만한가, 아니라면?
3. 평교수의 연구 의욕과 사기가 현저히 저하된다고 한다.
   동의한다면, 무슨 원인, 어떤 대책?
4. 의사 결정에 평교수 의견 반영이 없다고 한다. 개선 방향?

5. 학교 운영 일반: 교수 활동의 지원은? 관리 문제는?

건의 사항

승진적체

교수평의회 활성화

…

당시에 서울대 공대(1991. 3.)가 발간한 책자를 살펴본다.

(이기준 공대 학장)

『공학교육은 발전하고 있는가?』(총 105쪽)

II-2(13-14쪽)

	한국	미국	일본	독일
(1988, 억 달러)	R&D 투자 36	1,198	623	316
GNP 대비	2.1	2.65	2.57	2.81
연구 투자비의 절대적 부족 현상				

II-2(15쪽)

	박사인력 연구소	대학	기업체
R&D 투자 (1988, 억 달러)	2,012	8,976	467
연구비(천억 원)	4.6	2.0	12.2
전체 박사인력 78%가 있는 대학은 연구예산 10%에 머물렀다.			

II-2(16쪽)

연구 역할 분담: 기초 연구는 대학이 담당, 응용 연구는 출연연구소가 개발 연구는 기업이 담당토록 한다.

II-3(24쪽). 〈교수별 지도 학생수 평균〉

포항공대	7명
카이스트	15.7명
서울공대	31명
MIT(미국)	4.5명
도쿄대(일본)	10명

II-5(36쪽). 〈실험시설〉 (단위: 만 $)

명문학과(미국)	5,000~10,000
포항공대(물리)	2,700
서울공대(19과 평균)	2,550 (71% 노후 장비)

III-2(45쪽) 〈서울대 공학연구소(1963~1989)〉

28년간 400여 개 연구지원기관 1,400과제, 200억 원 연구 수행

	정부 출연	국영기업체	산업체	기타
정부 출연	1년 15%	1년 23%	1년 49%	1년 13%
연구 내용	1년 4%	1년 57%	1년 19%	1년 19%

VIII. 제안 정부 지원

1. 교수 충원 160명: 인건비 1년 16억 원, 교육 장비 1년 32억 원

2. 공간 해소 연구동 – 도서관 – Comp.Ctr. 16,000평

3. 실험 장비 운영

   구입(1년 40억 원), 교체(1년 20억 원), 유지(1년 10억 원), 기능직(1년 10억 원)

VIII-2. 산업계 지원

4. 교육 투자비 분담: 실습(1년 80억 원), 대학원생 지원(1년 20억 원), 교

수 지원(1년 32억 원)

5. DB, Comp Ntwk(1년 17억 원)

6. 공학 정보 센터 4,000평

"공대가 자극을 받아 반성하며 개혁되기를 밝힌다"는 90년대 초에 발간한 백서 내용 요약을 위에서 보았다.

전기 전자 분야를 주로 리뷰한 것인데 당시 이런 상황에서 대교협의 포항공대 전자과 평가 1등의 소식을 받은 것이다.

1995년 교육부 지정 대학원 특성화 프로그램이 약 600여 쪽의 전자 전기과 계획서대로 되었더라면 50~60명 넘는 교수 규모로 21세기 미래를 힘차게 열며 포항공대의 중심을 추동하였을 것이다.

하지만 위의 꿈은 공상이 되고 말았다(이는 나중 다시 이야기하겠다).

한편 그때 100여 쪽 백서로 힘 빠진 모습을 반성하던 서울공대 전자전기공학부는 지금 어떤 모습일까? 서울공대 백서를 낸 지 약 십 년 후인 2천 년대부터 개혁의 고삐를 힘차게 쥐고 발전을 거듭했다.

4장

포항공대–카이스트–한동대–서울대

제2대 총장 선임
― 총추위 · 총선위

「한국일보」(미주판) 1994. 5. 27. 사설 부분을 스크랩한 빛바랜 종이를 본다.

"대학 총장을 찾습니다."

포항공대가 김호길 총장의 타계로 공석인 후임 총장을 공개 모집하기로 했다고 한다. 대학은 이를 위해 전체 교수 투표로 총장추천위원을 맡을 9명의 교수와 재단 임원 3명을 선출, 위원회를 구성했다. 국내외에서 총장 후보감 4~5명을 선정해 대학 재단인 제철학원 이사회에 천거, 재단이 임명케 된다는 것이다. 전국 151개 4년제 대학 중 95%에 가까운 대학들이 교수들의 직선으로 '복수 총장 후보'를 선출, 재단에 천거해 임명토록 하는 직선총장제가 최선인 것처럼 유행하는 요즘에 '공개모집총장제'를 시도하겠다는 포항공대의 용기….

비록 건학이 7년밖에 안 됐지만, 석학과 유명 교수 등 2백여 명이… 대학인들의 충정에 신선한 감동을 받게 되는 것이다.

과연 위의 기대에 미쳤는지 아니면 태산명동서일필(泰山鳴動鼠一匹)의 엉뚱한 결과인지는 국민의 판단이겠으나 해외에 있던 나는 여론을 알지 못하고 단지 아래로 정리한다.

후보(김영걸, 장수영, 서남표)

(김호길 총장 급서와 대학의 혼란 중 2대 총장 추천 및 선임, 취임 등의 중대한 시기에 AT&T Bell 연구소에 연구연가 기간을 보냈다. 그러므로 대학 복귀 후 교수들의 얘기를 그냥 피동적인 태도로 들을 수밖에 없었다. 그래서 대부분 귓가로 흘리었고, 아래의 경우들만 남은 것이 있어서 요약해본다.)

대학의 총장추천위원회는 후보를 선택 추천한다. 재단은 총장선임위원회를 조직 총장을 최종 결정한다.

귀국 후 들은바 총장 추천, 선임 기간에 후보 3인 중 김영걸 교수는 트집 잡힌 소문에 시달렸다.

MIT에 재직하는 후보 서남표 교수에게 이메일 편지를 보낸 것이 상대 후보의 마음에 혼란을 일으켜서 김 교수 본인이 선임에 우위를 갖도록 유도한 면이 있다는 비난이다.

A4 규격 3쪽(1994. 7. 28.) 영문 명문이었다. MIT 기계과 서남표 교수는 유명한 분인데, 어두운 한국 대학과 재단의 현실을 안내하는 설명이었다.

기억나는 일례로… 이사장 면담 시 서약서 요구를 권장했다. 미국이 아니므로 대화로 약속을 지키는 것과는 다를 수 있으니, 선임되어서 귀국 시 서면 계약 내용을 제시할 수 있음이 총장직 수행에 좋겠다는 정도의 훈수였다.

또 하나의 얘기는 장수영 교수 관련이다. 이것은 전자과 모 교수들은 장 교수의 우위를 위하여 특히 과잉 봉사했다고 비난했다.

요약하면 김영걸 교수가 탈락했고 우위도 아니었다. 그렇지만 서남표 교수도 아니었다. 결국 장수영 교수가 2대 총장이 됐다. 이런 결론에 이른 과정과 이유에 대하여 부재중이었으므로 의견을 추가하지 않고 아래로 연결한다.

이 세 후보에 대한 이야기는 4장 카이스트 부분에서 13, 14대 총장으로 봉직한 서남표 교수가 한국의 대학 7년 후 남겼던 자료의 주요 부분을 참고하면 좋다. 필자는 그때 그가 포항공대 총장이 되었었다면 우리 대학은 어떻게 변모했을지 생각한다.

교수평의회 의장-전자과 주임교수-고충처리위-일본어 교수

1995년 2월, 교수평의회는 의장직 1년을 내게 맡겼다.

Bell 랩 후 귀국한 지 네댓 달로 상황 파악도 안 된 이듬해 초봄, 그 애기를 들었는지 장 총장은 이튿날 갑자기 나더러 전자과 주임교수도 하라고 한다. 의장직 수행에 갑자기 축하인가, 족쇄인가?

전자연구동 부지 선정에 탐내는 타 과의 반대를 극복해야 하는 상황이었다. 주임교수라는 로봇이 되어버려 학과를 방어해야 하고, 화학과 생명과학과 건물이 가속기 부근 한지로 묶이는 상황에 내가 그들을 위해 할 말이 없게 되니 양측에서 욕바가지가 된다. 전자과는 예정 부지를 확보하고, 화학 & 생명은 외지로 밀렸다.

맛이 간 평의회 의장보다는 고충처리위원회 조직화 일에 몰두했다. 평의회는 이듬해 나의 의장 감투를 벗어주고, 고충처리위원장으로 5년쯤 봉사토록 했다. 다양한 인사 사건 청원을 접수하면 비밀 유지하에 처리한다.

큰 이슈는 불가피한 때 상당히 공개화되면서 양쪽에서 쏘는 화살을 감당하여야 한다. 그 한쪽이 본부 보직교수가 되면 꽤 난감한 처지가 된다. 인사를 맡은 교무처장이 고처위의 의견을 무시해버리면 '고충 처리'는 처리되지 않은 채 미결상태 미제 사건이다. 기결이든 미결이든 사건의 막다른 골목은 비밀 유지 항목이 버티고 있다. 이래서 사건은 가끔 공개의 길에서 박치기를 한다.

이공계 학과 교수의 청원들은 모두 비공개로 종결되었다. 인문사회(인문사회철학부=교양학부) 교수들 청원의 경우는 좀 다르다. 비공개를 좀 벗어난 교수의 경우가 두 번 발생했는데, 이를 좀 설명하는 것이 모두에게 좋을 듯하다.

첫 경우는 학내에서 일본어 강의를 수강한 학생들의 청원을 통하여 공개되었다. 일어 과목을 담당한 박기환 교수인데, '교수님이 일본어 강의를 할 수 있도록 청원'한 421명의 학생청원 건으로 발생하였다.[*]

〈요약〉

1. '일본어 3'까지 수강한 학생으로 논문 읽기에 자신만만하게 되고, 후배들에게 적극 추천하던 교수님이다.

2. 다양한 강의 자료와 방법으로 적극적 강의를 하였으며, 아무리 졸려도 흥미를 유발시키는 기발한 교수법.

3. 기억나는 교양과목이 많지만, 일본어는 정말 명강의로, 여름학기엔 더워도 이 강의는 졸아본 적이 없었다.

4. 기계공학과 박사과정 학생으로 현재 일본 항공우주연구소에서 연수 중이다. 일본에 있어서 못 하지만 서명 운동이 시작된 것에 희망적이고, 지금도 일본어 공부를 뒷받침해 주고 교수님의 열정적 강의를 후배들도 접할 수 있기를 바란다(기계 89 양충모).

5. 졸업을 한 신분이지만, 박사학위 수여자 다수가 많은 도움을 받아… 일본어 전공한 제 처가 저의 한두 마디에 놀라고.

---

[*] 학생 청원 서명 원본은 단행본에서 생략된다.

6. 박 교수님의 노력과 헌신으로 배운 졸업생들이 국제사회에 능력을 십분 발휘하길, 독일 브레멘에서 졸업생 이유섭(기계 87).

위의 글들은 TIMS와 포스비에서 몇 개만 뽑은 것들이다. 우리는 박 교수님이 계속 강의하여 주시기를 바라는 의미에서 지난 6월 2일부터 7일까지 서명을 받았으며 서명 용지를 첨부하는 바입니다.

박기환 교수는 1991년 3월부터 1년 계약, 1992년 3월에는 주당 8시간(실습 2시간 포함)에서 12시간(실습 3시간)으로, 하프 타임(half time) 대우 전임강사에서 풀 타임(full time) 대우 전임강사로 신분이 바뀌었다. 9년 6개월까지의 근무는 후기 5년간 본인의 오사카대학 문학박사 학위 기간에도 학교에서 여름과 겨울의 계절학기까지 강요하는 등 봉사한 결과는 무위가 되었다.

최근 인터넷에서 찾아본 결과:

안녕하십니까?
닥터 박 일본어전문학원·일본유학센터 원장 박기환입니다. 20살에 신촌 소재의 대학에 입학한 후 20여 년을 도쿄, 오사카, 포항의 대학들을 때로는 학생으로, 때로는 연구원으로, 때로는 선생으로 전전하다 아름다운 도시 이곳 일산에서 새로운 삶을 시작하게 된 지 벌써 18년이 지났습니다. 그동안 많은 어려움이 있었지만, 여러분들의 성원에 힘입어 이제는 닥터 박이 자타가 공인하는 일산 제일의 일본어·일본 유학 전문 교육기관이 되었음을 여러분과 함께 기뻐할 수 있게 되었습니다.

XX 인문사회학부 P교수 업적 평가·승진 탈락 사건

고처위 사건이 처리되지 않고 이래저래 난항을 오랫동안 거듭한 사건이 유일하게 하나가 있는데, 이것은 장기간 다 알려짐으로써 비밀 유지는 없어진 백주의 혈투가 되고 말았다. 학교 외부로 도움 등 공개되어버린 중국사 P 교수 사건이다.

[초점] 면직된 교수 구명 위해 법정에 선 두 명의 원로 교수

「교수신문」 2003. 07. 14. 김봉억 기자

"포항공대 박선영 교수 면직 부당하다"

박이문 교수, "연구실적 부족은 박 교수를 쫓아내려고 꾸민 이야기."

김대만 교수, "공신력 있는 외부 기관에 등재된 논문을 재평가하는 몰상식한 일이 벌어졌다."

"포항공대 교수 업적 평가·승진 탈락 논란"

「교수신문」 2003. 01. 11. 손혁기 기자

… 여러 교수단체가 면직 위기에 처한 박선영 포항공대 교수(인문사회학부) 관련 '공동대책위원회'(이하 공대위)를 구성한 가운데 포항공대가 지난 23일 교원인사위원회에서 박 교수에 대해 승진 불가 입장을 정리한 것으로 알려져 '공대위'와 포항공대의 대응이 주목된다.

이는 승진 연한을 앞두고 승진 불가 결정을 받아 지난 2월 28일 자로 면직당했던 박 교수의 '조교수 승진거부 결정 효력정지 가처분 신청' 최종

심리 공판에서 공대에 재직했던 김대만(전 전기공학과)·박이문(전 인문사회학부) 두 원로 교수의 법정 증언에 따른 것이다.

다음 내용은 인터넷 신문 *UNEWS*에 실린 지난 4일 대구지법 포항지원 제2민사부(재판장 이준호)에서 열린 박 교수의 공판이다.

지난 1997년 박 교수의 첫 임용 당시 포항공대 대학원장으로 교원인사위원에 재직했던 김대만 교수는 "포항공대는 학과별로 자체 인사 규정을 만들고 사전에 충분한 토론을 거친다"라고 전제한 뒤 "본인이 승진 심사를 요청하면 으레 심사를 진행하는 것이 당연한데도 인문학부는 심사 자체를 거부했고, 공신력 있는 외부 기관에 등재된 논문을 재평가하는 몰상식한 일이 벌어졌다"라고 증언했다. …

박 교수와 같은 인문학부에 근무하며 학부 인사위원으로 재직했던 박이문 교수는 "임용 당시 학부 교수들과의 관계 문제로 승진 심사 거부로까지 확대됐다"면서 "대학 측이 주장하는 연구업적 부족은 구실에 불과하다"고 강조했다.*

박 교수 관련 건은 97년 여름 인문사회학부(당시 교양학부) 교수 4명이 고충 처리 청원을 처음 접수했다. 고처위는 관련된 대학 인사위원회 회의자료 제출(1997. 6. 18.) 및 부임의 보류와 재심을 요구했으나 처리가 중단되었다.

3년 후 2000년이 되어 나는 UCLA로 연구연가를 준비하며 고처위원장 일을 평의회에 넘기도록 할 즈음 한 청원인이 찾아왔다. 박 교수라고 했다. 깜짝 놀라 물었다. "당신 건으로 수년 전 골치를 앓고 다들 넌덜머리가 났었지요. 그런데 어떻게 날 찾는다는 말인지…"

---

* *UNEWS* (www.unews.co.kr)

그래서 비판적 시각으로 주목했던 고처위에게 오히려 도와달라고 온 사건을 인계한 후 그 진행을 주시했고, 위와 같은 결말과 이후 활동을 추가한다.*

---

* https://m.ohmynews.com/NWS_Web/Mobile/at_pg.aspx?CNTN_CD=A0000341437

교육부 국책사업-LG 출연 전자공학동-포항경실련

　교수평의회 의장 임기도 끝났고, 주임교수를 맡을 후임들은 내 뒤에 많이 기다리고 언제쯤 내가 주임교수직을 마감하나 생각하던 중 도전해야 할 일이 벼락처럼 떨어졌다. 교육부의 '대학원 특성화'라는 국책사업이 앞에 닥쳤다. 대학원의 특성화란 석박사 연구 계획의 장래 그림을 그린다는 의미가 된다. 우선 전자과의 반도체-통신-제어-컴퓨터-전자기-전력 그룹별 도전 방향과 장래 발전 계획을 세워야 한다. 그룹별로 토의한 내용을 정리한 계획서를 준비하여 학과 회의를 했다.

　여름방학이 코앞이니 교수들 반응엔 흥미가 빠졌지만, 실상을 좀 논의했다.

　전자과는 전국 1위라는 대교협 평가를 받았다. 그러나 우리 학과의 전망은 밝지 않다. 우선 학과의 규모가 서울대나 카이스트(연대, 고대 포함) 등과 비교해서 교수 수가 50% 정도에 머물렀다. 대학원생도 열기가 식어간다. 이공계 기피 현상이 만연하고 서울대 전자과 졸업생들의 대학원 입학 줄도 거의 끊어졌다. 이번 교육부 계획에 들어가는 것이 유일한 돌파구가 될 듯한데 우리는 지금 어찌할 것인가. 운명은 우리 스스로에 달려있다. 교수들이 조금씩 얘기했고 회의가 진행되었다.

　방학 기간에 그룹별로 계획서를 수정, 확장하여 방학 기간 편집했다.

나는 기업 참여를 맡기로 했다. 마침내 일이 제대로 돌아가기 시작했다. 담당한 교수들이 일사불란하게 협조하여 600쪽가량 두꺼운 계획서가 만들어졌다. 경영진을 움직일 수 있어서 삼성전자가 26억 원을 약속하고, 포철이 80억, 현대전자 등 십여 군데의 기업 참여도 활발했다.

교수들이 타 대학의 활동과 랭킹 등 소식을 알려주며 활기가 돌았다. 서울대는 우리에게 신호를 주었고 카이스트는 교육부에서 제외됐다. 우리 계획서에 교수들이 희망을 걸기 시작했다.

그런데 돌발 변수가 발생했다! 아래는 기사화된 것을 주로 요약했다.

"교육부 국책사업은 이권 사업인가"

「시사저널」 1995. 12. 14. 박성준 기자

… 분노를 삭이지 못한 대학의 맨 앞줄에는 포항공대가 있다.

교육부가 대학원 중점 지원사업… 정보전자 쪽을 지원 신청 분야로 결정한 포항공대 측은 5백 쪽이 넘는 방대한 계획서를 만들어 교육부에 보냈다. 이 대학 전자공학과는 92년 교육부가 실시한 학과평가에서 전국에서 유일하게 학부, 대학원 부문 모두 '최우수' 평가를 받은 바 있다. …

계획서 작업을 총괄한 이 대학 전자전기공학과 **권오대 교수**는 "예선도 거치지 못하게 이 분야를 원천 배제한 데에는 다른 요인이 작용했음이 틀림없다…"라고 말한다.

민홍식 교수(서울대 전자공학)도 "국책 대학원 사업이 원래 취지와는 다른 방향으로 가고 있다는 인상을 지울 수 없다"며 이 같은 시각에 동조한다. 모처럼 의욕적으로 추진하는 교육부의 '국책사업'이 뚜껑도 열기 전에 의혹투성이 '이권 사업'으로 변질되고 있는 것이다.

그 후 2000년대 BK21 수행 중 중도 탈락하고 여타 과제도 영향을 받는 등 전자과 장래에 어두운 구름이 끼기 시작했다. 정YH 교수가 2004년 유치한 나노기술집적센터(NCNT: National Center for Nano-materials Technology)로 21세기 반도체 기술을 부흥시키려던 노력이 시작되었을 뿐인데 부침이 있었기에 어떤 재도약이 터질지는 미지수다.

초기 더디던 계획서 작업이 분야별로 적극적으로 자진 참여하여 600쪽의 당당한 책이 나왔는데 위처럼 파행을 겪은 학과에 대한 애정은 전과 같지 않았다. 무엇보다도 "다른 요인이 작용했음"은 누구보다도 총장 스스로 답해야 할 사안이었음은 내부로부터 분명했으나 나는 침묵을 지켰다.

오늘에 이르면서 BK 프로그램까지 중간 탈락하는 등 학과가 하향화 곡선을 그린 것 등 암울하다.

LG 전자동 건물이 섰다. 이를 위해 LG 쌍둥이 건물을 찾아 임원들을 만나던 총장은 협의가 진전을 못 봐 포기하고 떠났는데 나와 송WJ 교수는 남아서 잔불 정리를 했다. 최근 마친 600쪽 국책대학원 계획서를 들먹이고 수많은 대학원생이 졸업할 것, 계획서 끝에 동의서들을 첨부한바 기업 참여로 삼성은 26억 원 지원을, 포철도 80억 등 격이 맞는 약속을 하는 등 수백억이 전자특성화 대학원 사업에 모여드는 것임을 넌지시 설명했다. 헤어지려던 임원들이 이를 듣고 돌아와 포항 방문을 약속하며, 결국 LG가 전자동 건설비 150억 원을 지원했다.

"원숭이도 재주를 배우듯, 고인이 된 김호길 학장의 설득하시는 재주를 조금은 배운 것인가!"

중간에 반도체 청정실 설계 위치를 임의로 연락이 불편한 코너인 무반향실 위치로 바꿔버린 게 총장임을 알게 된 나는 LG동으로 이사하려던 걸 취소하고 준공식 참석도 취소했다(결국 그곳에서 밤새던 학생의 가스 중독을 인지하지 못한 채 희생시키는 비극이 일어났다).

어느 날 총장은 날 부르더니 "경실련 봉사를 할래, 주임교수를 할래"라며 물었다. 나는 다음날로 주임교수직을 시원스레 던졌다.

나는 포항공대에 부임하며 어떤 보직도 원한 적이 없었다. 난 그런 봉사보다는 대학 내에서 학생들 교육과 연구에 치중하는 것이 낫다고 생각했다.

포항경실련 봉사를 이렇게 시작했다.

이미 기록한 바 1992년 김호길 학장과 되니 안 되니 하던 불확실한 때가 아닌 시민 지지도가 증명된 이제 다시 시작한 자원봉사. 평민들, 공무원, 종교계, 한의사, 철강 공단 노동자 및 포항공대와 한동대 교수들도 더러 참여하고 '북한에 옥수수 보내기'를 하며 한동대 총학에서 주관한 탈북청년의 강연도 보러 갔다.

카이스트 서남표 총장 1
: 러플린 전임 총장 이야기

포항공대(제2대 총장 선임 참조)에서 서남표 후보에 쏠렸던 관심과 수수께끼 보따리를 여기서 해체할 것이므로 그동안 참았던 갈증을 풀어보자.

2004~2006년 기간 카이스트 총장이었던 러플린은 *Anomalous Quantum Hall Effect: An Incompressible Quantum Fluid with Fractionally Charged Excitations* (1983) 분수 양자 현상의 이론 정립으로 1998년 노벨 물리학상을 받았다.

서 총장은 부임 직전 러플린 집(Cal.)을 방문했다. 그와 내가 필요하던 시점의 카이스트는 새로운 활로가 필요했다. 1990년대부터는 한국 일반 대학들과 교수 연봉은 비슷해졌고, 1999년 정부가 시작한 BK 21(Brain Korea 21) 프로그램이 대학 수준들을 높였다.

삼성이 소니나 노키아와 경쟁하고 현대자동차가 도요타를 추격하는 동안에 카이스트는 여전히 서울대와 포항공대의 국내 경쟁 상대였다. 1998년 4월 13일 교육부 업무 보고를 받던 중 김대중 대통령도 개탄했다.

"우리 대학이 양적으로는 세계 상위이나 전 세계 대학 순위에서 '800위' 안에 드는 곳이 없는 등 질적으로는 크게 미흡하다"(「경향신문」 1998. 4. 14.).

QS 세계대학평가에서 서울대 전자전기 분야는 (홍보 자료에서) 2014년 18위, 2015년 공학·기술 분야에서 15위였다고 했다. 한편 동아일보는 사설에서(2021. 5. 21.), QS에서 지난 17년간 30위권에 국내 대학은 없다는데, 2010년 포항공대가 28위를 하였다. 이렇게 보면 위의 800위 운운하는 보고는 (시대가 좀 달라도) 분명한 실수다.

(1990년대 이후) 정부 특혜가 카이스트 사람들을 더욱 안일하게… 교수진의 고령화로 교수 절반 이상이 55세를 넘긴 상태… 논문 편수는 높으나 국비 지원받는 대학원생들의 덕… 그들의 월급 걱정 없는 교수들은 혁신적 연구에 골몰함이 불필요하다.*

러플린은 "내가 고생 많았습니다. Provost(교학 부총장)는 대학 정책이나 교육 철학이 나와는 전혀 달라 협력 관계가 거의 전무했다…"고 말했다. 결국 러플린은 교수들의 집단적이고 조직적인 축출 시도에 아무런 저항도 못 하고 떠났다. 나는 러플린 박사를 추방한 카이스트와 한국 사회의 선택은 아주 커다란 실수였다고 생각한다.

러플린 총장의 집을 떠나오면서 카이스트의 많은 문제가 교수진에 의한 총장 선거와 그들의 그릇된 정치적 행위에서 비롯된 것이라는 나의 확신은 더욱 굳어졌다.

그때 과잉 행동을 보이며 러플린 추방에 앞장선 젊은이들의 경우 어리석은 행동에 몸 둘 바를 모를 것이라는 후회에 몹시 안 됐다고 생각했다.

---

* 서 총장의 '카이스트의 추락'이다.

사실 러플린이 부임하기 몇 달 전에 제주도의 어떤 학회 모임에서 카이스트 중진 교수가 러플린의 험담을 늘어놓는 모습을 보았었다.

그가 떠나기 전 강연으로 포항공대에 왔을 때 코넬(Cornell)대학과 같이 반관반민 체제의 대학 운영을 얘기했더니 아주 좋은 생각이라 했다. 당시 그가 그곳에서 '반관반민화'라는 문제로 바로 그곳 교수들과 싸움을 하며 고달프게 지냈다는 사실은 서 총장의 글에서 읽었다. 그때 나는 포항공대의 문제를 그에게 물어보고 있었지만….

대학 총장은 행진 대열을 이끄는 선두 대열의 진행 의도를 눈치채서 잽싸게 앞서는 거 같다고 '씁쓸한?' 농담도 했다.

카이스트 서남표 총장 2
: 한국 교육에 남기는 마지막 충언*

2006년 7월, 서남표 MIT 기계공학과 석좌교수는 "지금까지의 방식으로는 안 된다"며 카이스트를 새롭게 디자인하는 작업을 시작했다. 교수 영년직(tenure) 심사 강화와 학과장 중심제를 주도했다. 그 외 100% 영어 강의, 미래 잠재력으로 교수 채용, 인성 평가 중심의 입시 개혁, 성적 하위 학생에게 등록금 부과, 에너지 환경 물 지속가능성(EEWS) 연구 방향 설정 등 서 총장은 가시적인 카이스트의 변화를 이끌어 냈다.

새로운 운영체제, 교육, 연구, 기반 시설, 조직 구성, 재무까지… 대학 개혁을 실현했다. … 과반수 구성원이 동의했지만 마음이 불편한 이도 있다. 개혁이 연착륙한 것은 (방해를 많이 받았던?) 러플린 전임 총장에게 감사하다.

반발하는 교수들, 원로급 교수들, 교수협의회 중심, (이메일을 하던 교수 얘기) 카이스트 석사 1기생 그룹의 중심에는 "1기 출신이 총장이 돼야 한다"고 주장하는 그룹의 주도 멤버가 (2013년 3월 내가 떠난 후) 학내 가장 중요한 직책을 맡았다는 소식에 놀랐다.

---

* 서남표, 『한국 교육에 남기는 마지막 충언 - 카이스트 전 총장 서남표』(21세기북스, 2013).

교원 수가 620명으로 증가. 2012년 당시 평균 연령 48.3세로, 50대 미만이 과반을 넘고, 최근 6년간 이런 규모의 교원 채용률은 세계 어느 대학도 없다. 나는 5년 후, 10년 후를 기대한다.

"왜 자꾸 우리를 괴롭히는 거요?"

어느 고참 교수가 이렇게 본부 관계자에게 했다는데, 영년직 심사나 학과장 중심제로 일부 교수집단의 기반이 흔들린다는 위기감의 표현이다. 가만히 있어도 떡고물이 떨어지는 연공 서열 문화. 한국의 많은 대학에서 총장, 부총장, 학장, 학과장을 교원 투표로 결정한다. 계파 분열이 많은 한국 사회에서 선거라기보다는 줄 세우기와 비방이 난무하는 전쟁터가 된다. 세계의 명문 연구대학들은 이런 제도를 오래전 버렸다.

2007년 가을 한덕수 국무총리가 약속했는데, 이명박 정부가 들어서고 EEWS 예산이 순식간에 사라졌다. 이명박 정부의 초대 국무총리 한승수 박사의 도움을 받기로 했다. 한덕수, 한승수 두 분의 정치적 이념 차이를 넘은 과학기술에 대한 애정, 시대를 꿰뚫는 통찰력과 리더십에 깊은 존경을 표한다.

올레브는 「타임」지 선정 "2010년도 최고 50대 발명품": 국내의 ㈜올레브와 미국 올레브테크… 참여한 교수와 연구원들… 특히 조동호 교수의 열정에 경의를 표한다.

"총장님, 우리 학생이 사망했습니다…."

이 학생은 4,000명이 넘는 학부생 중에서도 개인적으로 잘 알던 학생으로 실업고 출신의 로봇 영재였다. 부산 금정구에 강연하러 갈 때 마침

그곳 출신이던 그 학생이 동행하게 됐다. 그날 부산의 초중고 학생들이 모인 자리에서 내 순서에 이어 그 학생도 아주 멋진 강연을 했다. 그 모습 하나만으로도 입시 정책을 참 잘 바꿨노라고 생각했다. 그런데 그 학생이 스스로 극단 선택을 했다는 것이다. 내가 받은 충격을 이해할 사람은 많지 않을 것이다.

2011년 한 해 동안 일어난 네 명의 학생과 교수 한 사람의 죽음은 내가 일평생 겪은 일 중 가장 힘들고 충격적인 사건이었다. 다시 한번 고인들의 명복을 빈다.

그 뒤 이어진 상황: 나는 학생을 죽음으로 몰고 간 잔인무도한 교육자가 됐고, 언론은 연일 "서남표 개혁, 이대로 좌초하나" 식의 기사로 도배를 했다. 그동안 잠자던 카이스트 반대 세력이 이를 빌미로 급부상한 것은 주지의 사실이다.

그러나 죽음에 이른 학생의 가족 중 그 누구도 나와 학교를 탓하는 사람은 없었다. …

사전 녹화한 비디오로 교수의 강의를 듣고 on-line 학습 콘텐츠를 이용한다. 5~6명이 한 팀으로… 교수-학생, 학생-학생 간의 상호 작용식 수업으로 진행한다. I-4강의실은 원형 탁자를 놓고 그룹별 클래스보드와 TV를 배치.

2012년 1학기에 신입생 48명을 대상으로 기초 필수 중 3과목을 시범 운영한 결과 우리를 무척 들뜨게 했다. 학생 만족도를 물으니 5.0 만점에 3과목 모두 4.0, 4.3, 4.5라는 높은 결과를 얻어낸 것이다. 더욱이 학생들 스스로 더 많은 과목에서 이런 방식의 공부를 하고 싶다는 요청을 했다.

카이스트 서남표 총장 3
: 14대 연임 그리고 퇴임

6년 후(2012) 교원 수 1.5배로 600명을 넘고, 예산은 2배가 넘은 7,500억 원, 정부 지원은 1.5배인 1,650억 원으로(예산의 35%가 21%로 낮아졌다), 부임 시 별로 없었던 기부금은 1,800억 원으로, 외부 연구지원금은 1,100억 원이 2,500억 원으로 증가했다.

위의 변화는 국내에서 세계적인 연구대학으로 재도약하는 단계를 의미했다. 톰슨로이터는 2012년 12월 카이스트를 '2012 세계 100대 혁신기관'의 하나로 선정했다.

2010년 6월 15일 조선호텔에서 제14대 총장 선임을 위한 임시이사회가 열렸다.

원동혁 비서실장의 전화, "총장님, 이사회 투표 결과가… 오늘 결정하지 않는답니다…." 2층에서 침통한 표정의 원 실장을 따라 비즈니스룸에 들어서자 회의를 주재했던 정문술 이사장과 장순흥, 양지원 부총장이 우리 부부를 맞았다.

"나 돌아가겠어요." 그러자 '반대파'들과 설전으로 녹초가 된 정문술 이사장이 호통을 쳐왔다.

이것이 위에 적은 '2010년 6월 15일, 조선호텔에서 제14대 총장 선임을 위한 임시이사회'였고. 그래. 더 흉한 꼴을 당하기 전에 그만두자… 그때 정문술 이사장의 질타가 없었다면… 원 비서실장의 충언이 없었다면. "… 연임되신 후, 저들에게 '그동안 당신들이 보인 행동은 참 불합리했다'고 당당히 말씀해 주십시오. 그러고 나서 스스로 그만두셔도 늦지 않을 것입니다."

교과부 관료들의 압력 행사는 널리 알려진바… 더 희한한 일도 경험했다. 총장 후보 중에 카이스트 출신 교수가 있었는데, 그의 선배 그룹이 나를 회유하려 든 것이다. "14대 총장직을 2년만 하겠다고 선언하면 연임을 돕겠다."

왜? … 러플린 총장의 선례 때문? 그들로서도 나라는 존재가 탐탁지 않기는 마찬가지였을 터. 이이제이(以夷制夷), 더 미운 적을 위해 나를 이용? 그들은 7월 2일 이사회 날까지 나를 집요하게 압박… 끝내 자신들의 뜻이 관철되지 않자 내 연임 확정 후 "서 총장이 2년만 하기로 했다"는 소문까지….

내 연임에는 지지자들의 헌신적 노력과 함께 사회적 여론도 큰 영향을 미쳤다. 교과부의 이사회 압박 사례가 여론의 뭇매를 맞기에 이른 것이다. 정말인지는 모르겠으나 중남미 순방 중이던 이명박 대통령이 대로하며 정부 관료들을 질책했다는 말도 들려왔다.

카이스트 서남표 총장 퇴임

내 연임 후 이듬해인 2011년 2월 초 교과부는 학교설립 이래 최대 규모의 종합 감사단을 카이스트에 파견했다. … 탈탈 털어 규정 위반이라고 언론에 이미 밝힌 바대로 '특별 인센티브 지급, 사학연금 부당 가입, 신임

교원 채용 절차 위반' 같은 것들이다. 사재를 털어 수억 원의 기부를 한 총장이 고작 4,800만 원 횡령범이 됐으니…(첫 번째 선물을 준 곳이 교과부였다면, '특허 절도 의혹'이라는 큰 선물은 카이스트 교수협의회의 회장이 보냈다).

2011년 4월 연이은 학생들의 죽음이 발생했을 때 행정이 거의 마비되다시피 했다. 이때 교수협의회의 혁신비상위원회 설립 제안을 학내 운영 정상화로 반갑게 받아들일 수밖에 없었다. 하지만 그들은 그 대신 변화를 퇴행시키고 학교 권력을 장악하려는 수단으로 이용했다. "최고경영진의 무절제한 특허 탐닉이… 지적재산권의 절도는 심각한 범죄 행위입니다." 그들은 이런 혐의를 씌운 것에 그치지 않았다.

더 나아가 "서 총장이 그 교수에게 특허를 돌려주고 문제 삼지 말아달라며 직접 찾아가 사과했다"는 말까지 지어냈을 뿐 아니라 그 내용을 유력 일간지에… 이 문제로 내 명예가 실추되는 것이 아니라 공동체 이름이 나락으로 떨어지는 것이다.

2011년 12월 7일 오명 이사장 요청으로 그의 사무실에서 대화했다. "총장님, 지금까지 참 많은 일을 하셨습니다. 한국에서 연임해서 성공한 사람이 없었는데…" 신임 이사장의 염려 정도로만 알았는데, 곁의 비서실장이 한숨을 내쉬었다. "총장님, 이사장님은 총장님께 그만 나가시라고 말한 겁니다."

러플린 전임 총장처럼 내 경우에도 정부는 변화가 아닌 안정을 택했다.

한동대 김영길 총장
― 법정구속과 대학 정상화

95년쯤 인사를 갔다…(김호길 총장도 한 타운에 '두 명 총장'을 걱정).

포항공대 형님은 소수 정예 교육으로 전국의 인재를 양성하나 동생은 한동대에서 지역 인재를 교육하여서 이바지하는 것이라고 설명하였다면서 철강 공단 일꾼 배출 등 지역사회에 봉사할 것이라 했다. 그가 형상기억 합금 개발로 이미 이름이 나 있는 신소재 과학자인 만큼 자못 기대하였다.

존경받던 총장이 감옥 간 사연: 지역·종교 '권리 싸움'이 불씨

_ 박병출(부산 주재기자). 2001. 5. 31.

한동대 김영길 총장이 구속된 것은 지난 5월 11일이다. 대구지법 포항지원 형사합의부(재판장 유철환 부장판사)는 학교 예산 불법 전용·횡령 혐의로 불구속기소 된 김 총장에게 징역 2년을 선고하고 법정에서 구속했다. 대학 총장 법정구속은 전례가 없는 일이다….

재정난을 맞은 설립자 송태헌 씨(66)가 1995년 재단 합병 형식으로 학교 운영권을 포항 선린병원에 넘긴 이후 김 총장의 행로는 순탄하지 못했다. 병원 측이 다시 서울의 한 교회에 운영권을 넘기자 송 씨와 포항 시민단체

들은 '이사진이 건학이념을 변질시키고 있다'며 합병 무효를 선언, 소송을
제기했다.

시민·사회·노동 단체를 망라한 한동대정상화추진위원회를 구성… 그러
나 재단 측은 '옥중 결재를 통해서라도 김 총장 체제를 고수하겠다'고 밝혔
고, 90% 이상이 기독교 신자인 학생들 역시 김 총장을 절대적으로 지지해,
한동대를 둘러싼 지역 싸움은 여전히 '현재진행형'이다.

이상과 같이 한동대 초기의 고생을 극복하고 대학을 이끌어 온 것은
그의 종교적 신념으로만 설명이 될 것 같다. 한국 창조과학회 초대 회장은
형님인 고 김호길 총장과 거리두기가 상당하였다.

초유의 '대학 총장 법정구속' 사건이 전국 매체에 보도되는 바람에 전
국교회들의 지원이 쇄도하는 순풍이 한동대로 분 것이라는 것을 충분히
상상할 수 있다.

하여튼 그 후 총장은 감옥에서 나오고 대학은 재정 문제의 시끄러움이
사라져 대학을 코너로 몰던 '한동대정상화추진위원회'는 한동대를 정말로
정상화시켜 준 셈이니 얼마나 고마운 일을 한 것인가!

"Why not Change The World?" 한동대학교 초대 총장(2019. 6. 30. 별
세)[동영상: 2019. 7. 2. (화). 故 김영길 한동대학교 초대 총장 천국환송예배]

한동대와 귀순 북한 용사 강성산

나의 한동대 친화 작용은 경실련 활동이 가져다준 선물이었다. 포항경실련에 참여한 한동대 교수들이 있었고 '북한동포돕기의 옥수수 보내기 운동'은 포항공대보다 한동대 대학생들이 많이 참여했다.

기록 [좀바#9]는 포항공대 울타리 내에서 학생들과 나누던 잡기 시리즈로 '좀바'='좀 바꾸자'란 뜻인데, '좀비'냐고 놀리는 동료들도 있었다.

그날 점심때 한동대를 찾았다. 한동대의 북한동포돕기 행사를 보고, 강연을 하러 갔다. 당시 한동대 오픈하우스 행사의 주제는 '하나됨'이었고, 북한 돕기였다.

나의 보고 다음 한동대 총장 인사였다(한동대 북한 돕기는 교직원과 학생의 한마음으로 진행하는 행사였다). 다음은 **총학생회장의 보고 요약:**

1. 총학에서 지역 인사들에게 많은 참여와 초청 전화를 하였다. 그동안 한동대를 괴롭히는 지역적 시련 중에도 우리 학생들은 지역사회에 대한 불만을 표시하는 말 한마디까지 자제하여 왔다. 우리 사회 대부분의 목소리는 '내 몫 찾기'와 '빼앗아 오기'이지만, 우리는 그렇게 행동하지 않는다. 대신 우리는 나눔의 정신을 위하여 북한동포돕기 캠페인을 벌이며 처음으로 포항 거리에 나갔다.

2. 우리는 '민족 사랑'을 이번 축제의 주제로 정하였다. 축제 기간 판매한 음식 등의 수익금을 북한 돕기 성금으로 전환한다.

3. 북한 동포 돕기 운동은 우리 한동인의 내적 각성 운동이다. 남북이 어려움을 나눔으로써 '나'라는 좁은 사고의 틀을 극복한다.

4. 나눔의 정신으로 통일을 앞당긴다.

2년 전 제3국 경유 귀순한 강성산(동국대 재학)의 강연 요약:

— 나는 이제 돼지고기에, 이밥에, 고깃국을 마음대로 먹으며 잘 있다. 북에 있는 부모 형제 생각하면 마음 막힌다. 통일될 때 효도하려고, 아버지께 멋진 차, 어머니껜 집을 사드리려고 그저 열심히 산다.

시민운동 사람들 존경스럽다. 여기는 좋은 자유 시회인데, 싫으면 안 해도 되는데. 김영삼 욕해도 안 잡아가는… 어쩜 웃기는 세상이다. 북은 틈만 나면 남침하려고 칼을 가는데도 그 동포들을 도우려고 노력하니, 귀순자를 대표하여 감사하고 기독교인으로서 스스로 많이 생각한다.

— 나는 배고파 귀순하였는데, 작년 금년이 아니라 실은 전에 살던 이북(함경도)이 항상 배를 곯았다. 당시에도 춘궁기에는 소나무껍질 먹는 것이 일이었다. 그 껍질 벗기다가 들키면 체포. 그래 야밤에 산에 올라 그 겉껍질을 벗겨내고는 하얀 속살을 깎아 배낭을 채운다. 송진이 묻은 손은 엉망. 집에 돌아와 그걸 푹 삶는다. 진을 자꾸 걷어낸다. 나중에 해면처럼 솥에 남는다. 옥수수 가루 혹은 쌀가루를 조금 섞어 만든 게 '송기떡'이다.

4월 중순 메밀꽃 피기 전까지는 독풀에도 독이 채 오르지 않는다. 그래 모든 들풀을 다 먹는다. 쌀을 10% 섞은 풀죽을 먹는다. 소화가 안 된다. 특히 아이들이 어려워 치질, 소화불량, 피부병에 시달린다.

— 아버지가 30년 당원이어서 평양에도 살았고 고교도 거기서 다녔다. 그리고 군에 갔는데 10년 복무기간이다(지금은 13년). 거의 휴가가 없는데, 한번 집

에 갔었다. 그런데 나를 맞은 어머니가 한숨을 푹푹. 집에 쌀이 없었다. 배급이 끊겼다. 옥수수뿐이었다. (어제 강연 초청으로 와 보니 한동대에서도 옥수수죽을 먹게 되어서… [웃음]) 북의 옥수수죽은 전혀 다르다. 북의 옥수수는 기름 짠다고 눈을 뺀 것이다. 그러고는 옥수수 알들을 서너 조각으로 으깬 것이다. 아무리 끓여도 잘 풀리지 않는다. 말이 죽이지, 먹으면서 목구멍이 아프다. 기름기가 전혀 없다. 화장실에 가서도 고생한다.

— 휴가 간 그날, 어머니는 대대로 물려온 결혼예물을 야시장에 판 돈으로 쌀을 구하여 왔다. 아버지와 나의 밥만 흰밥, 형의 밥은 옥수수를 섞은 밥. 그래도 모자라서 윗부분만 흰밥이던 나의 밥. 내가 그 밥을 먹은 걸 생각하면 지금도 목메이게 후회된다.

— 음식쓰레기는 줄입시다. 너무 아깝습니다.

참고자료 「한동신문」 1997. 4. 21. 1면 톱:

[포항의 북한동포돕기]
지난 5월 18일 시내에서 '포항시민과 함께하는 한동인 민족사랑 행진'… 학생과 교수 300여 명 참석… 옥수수죽 점심 후 사진전, 한마음 줄서기, 인간 띠 잇기 행사들… 포항 거리 청소 후 해산.
이모아 씨의 "끊어진 길"을 들으며 한동대를 먼저 나와 포항공대 전자과와 LG 교류의 등산 행사를 위해 보경사로 떠났다. 하지만 한동대의 하루를 잊을 수 없어 공대의 '좀바 시리즈' 독자들과 지면으로 함께 나누려고 싶는다.

서울대, 나의 모교

적지 않은 식자들이 아래의 역사적 결과를 안타깝게 느낍니다.

… 공교육이 이렇게 망조가 들어버리게 되기까지의 역사를 더듬어 올라가 보면 일제강점기 최고의 교육기관인 경성제국대학은 식민지 지배용 조신인 엘리트를 길러내는 역할을 했습니다.

1945년에 해방은 되었으나 일제의 교육제도는 그대로 유지되었습니다. 소수의 엘리트 집단이 권력의 핵심을 장악하는 식의 피라미드형 위계질서도 지금까지 계속되고 있습니다. 일제의 경성제국대학은 국립 서울대학으로 명칭을 바꿔 대한민국 최고의 명문으로 군림해오고 있는 현실입니다. … 이러한 권력 중심 체제는 이제 종지부를 찍어야 합니다. 서울대 지상주의와 서울공화국의 폐해는 이 정도로 충분합니다.

서울대를 처음 비판하기 시작한 것은 『서울대의 나라』를 쓴 전북대 신문방송학과 강준만 교수일 것이다(1996). 그는 서울대의 폐해로 3가지를 들었다. 첫째, 초중등교육의 황폐화와 대입 전쟁의 주범이다. 둘째, 국제경쟁력을 해치는 학연, 학벌을 조장하는 주범이다. 셋째, 권리만 있고 책임은 없는 왜곡된 엘리트 리더십의 주범이다. 그는 '서울대'라는 집단과 '서울대 사람'을 구별하며 '서울대'라는 집단적 탐욕과 우매를 비판하는

데에 '서울대 사람'들이 열린 마음으로 대할 것을 촉구한다.

모든 나라는 엘리트 시장을 균점하며 상호 선의의 경쟁이 유지되는데, 우리의 서울대는 106개 학과 전 분야에 걸쳐 유아독존이라고 비판한다.

최근 국민대 법학 교수가 서울대 중심의 문제를 고발하였다.

> … 서울대가 개설한 학과는 거의 모두 1위의 자리를 고수한다. 다른 대학 간의 경쟁은 기껏해야 그 밑의 2위를 다투는 경쟁이었다. 예컨대 연세대는 경상 계열에서, 고려대는 법학 분야에서 비교우위를 가지고 있다 해도 이는 어디까지나 은메달 경쟁일 뿐이다…
>
> _ 김동훈, 『대학이 망해야 나라가 산다』(1999)

서울대는 거의 모든 것을 가만히 앉아서 싹쓸이하였다. 입학 과정에서는 전국 고등학생 중 최상위 학생들을 무 자르듯이 잘라갔다. 또 졸업생들은 모든 요직을 독점하여 '서울대의 나라'로 만들었다. 서울대 본교 출신 교수가 95.6%이다. 몇 년 전부터 이른바 '서울대 특별법안'이라는 것으로 서울대에 모든 것을 몰아주길 떠들었다. 이것이 여의치 않자 '브레인 코리아'라는 것을 들고 나왔다.

'브레인 코리아'가 서울대의 독식야욕이라는 것을 간파한 전국의 대학 교수들은 이에 결사반대하였다. 4·19 이래 처음으로 1,000여 명의 교수가 거리로 나왔다. "경쟁의 이름을 빌려 교육부의 각본을 관철시킨 희대의 사기극"이라는 비난 성명이 잇따랐다. 서울대가 거의 모든 분야를 독식, 매년 거의 1천억 원을 쓰게 된 것이다.

서울대가 한국의 인재와 정부 지원, 사회적 대우를 독점하면서도 세계 100위권에도 들지 못할 정도로 경쟁력이 없는 이유는 누가 봐도 분명한단 한 가지다. 그것은 국내에서 경쟁력을 쌓지 않는 한 세계무대에 나가봤자 백전백패인 것이다. 서울대 발전의 진정한 묘약은 서울대를 국내에서 경쟁시키는 것뿐이다. 서울대와 경쟁할 수 있는 대학을 키우는 데 쓰는 것이 백 번 현명한 일이다. 1부에서 길게 주장한 지방 사립대들이 '지역별 선진 대학'으로 긴급히 탈바꿈하는 교육사적 혁신이 바로 여기에 대한 해답이다.

서울대가 이 사회의 발전에 걸림돌이 되고 있다는 생각은 매우 넓게 퍼진 것을 알 수 있다. 어느 PC 토론방에서 격렬히 벌어진 서울대 문제 토론 몇 개를 봐도 확인된다.

1. 국민의 손에 의해서 선출된 국회의원, 시장 등의 서울대 출신 비율은 임명직보다는 낮다. 이것은 서울대 출신들이 그 동문들의 힘에 의해서 지위가 상승됨을 보여준다.
2. 이런 책도 있지요. … 서울대 망국론. … 교육부는 각 대학의 학과를 특화시켜야 된다고 봅니다. 예를 들면 경희대 한의대, 동국대 연극영화과, 고대 법대, 외대 영어과 등.
3. 우리 사회는 건전한 경쟁이 이루어지기보다는 학연과 지연에 의해서 각 사람의 위치가 정해진다고 해도 지나친 주장은 아닐 것이다. 특히 서울대 출신은 우리 사회 각 분야에서 그 힘을 발휘하고 있다. 그들은 경쟁에 의해서라기보다는 선배의 백에 의해서 성장한다. 지난 김영삼 정권의 5년간 장·차관의 출신대학을 보라.*

---

* 김동훈 교수의 책을 원용하면, 서울대의 사법고시 합격률은 42%다. 이 중 1/3, 약 100명은 비법대 출신이다. 그중 사회과학대가 반을 차지하고 서울공대도 18명의 합격자를 내기에 이르렀다(1998년 당시 자료).

포항공대에서 보이는 서울공대

YS 정권이 이공계 특례를 없앤 1995년쯤 포항공대 전자과 대학원으로 오던 서울대 졸업생들의 발길이 뚝 끊어지고 있었다. 복수지원제로 전환된 대학 입시 이후 전자과에 4~5배수로 합격한 입시생들은 줄을 서서 서울대 전자과로 썰물처럼 빠져나갔다. 서울대에서 대학원 설명회를 한 후 어느 학생과 나눈 대화:

"작년에 낙방하고 금년에도 밀리고 하면 60, 70명 이상이 낙방으로 누적되어 해마다 더욱 대학원 입학이 심각해지겠네."

"그렇지 않은데요. 요즘은 한두 번 실패하면 그만두죠."

"그만두다니. 대학원 안 가고 바로 대기업 취업으로 가나?"

"그렇지도 않구요. 군에 많이 가요."

"군에? 아니 그럼 학업에 단절이 와서 다시 시험 치기가 엄청 힘들 텐데. 나도 옛날 쓴 경험이 있지만, 이공학도는 군에 갔다면 펄떡거리는 물고기처럼 연구할 젊은 시기를 다 놓치는 거야."

"교수님, 고시 열풍 모르시는군요. 군필 후에는 고시 공부해서 법조계로 가는 거죠."
(이것은 미국식도 아니고 교육 개혁도 아니다.)

늦깎이 이승철과
MIT/EE 첫 한국인 Ph. D. 주덕수

안전한 전력망 '스마트그리드' 이승철*

이승철 교수: 대학 동기로 뒤늦게 유학 후 90년대 초 중앙대 부임, 전기전
자 학생들과 기업과제 Smart Grid 첨단전력망 기술을 개발했다. 가족은
해외 거주, 기러기 할범인 그가 21년 8월 급성심근경색으로 쓸쓸히 타계
하여 애달프다.

　현재 우리나라의 발전설비 규모는 7,300만 kW로, 이는 가정이나 사무
실에서 흔히 사용하는 20W 형광등을 약 36억 개 점등할 수 있는 전력에
해당한다. 1인당 1년간 전력 소비량은 8,000kWh 내외로 가정에서 전기
온수 보일러를 많이 사용하는 미국과 캐나다를 제외하고는 일본, 프랑스,
독일, 영국 등 대다수 선진국의 전력 소비량을 이미 상회하고 있다.
　… 전력망의 운영자는 하루 24시간 모든 소비자가 안정적으로 전력을
공급받을 수 있도록 수송 경로 및 발전소들의 출력을 끊임없이 조정한다.

---

* 이승철, 「파이낸셜뉴스」 2010. 3. 25.

스마트그리드 기술은 이와 같이 거대하고 복잡한 전력망을 정보통신 기술과 컴퓨터 기술을 활용해 보다 안정적, 능률적이며 친환경적인 스마트한 망으로 탈바꿈시키기 위한 기술이다.

… 현재 전력 정보의 수집 능력은 광역감시시스템(WAMS) 기술의 개발로 극히 짧은 시간 간격으로 발생한 파급 고장이나 이벤트들 간의 원인과 결과 관계를 정밀 분석할 수 있는 수준까지 높아졌으나 컴퓨터가 수집된 정보를 분석하고 전력망 상황의 문맥에 따라 자율적으로 신속하게 대처해 고장의 파급을 최소화할 수 있는 기술은 앞으로 더 개발돼야 한다. … 스마트그리드가 성공적으로 구현되기 위해서는 단순히 다양한 첨단 정보통신 기술을 전력망 운용 기술에 접목하는 수준에서 나아가 전력망이 상황에 자율적으로 대처할 수 있도록 전력망을 스마트하게 바꾸어 갈 수 있어야 한다.

… 정전의 발생 가능성을 크게 낮출 수는 있어도 완전히 제거할 수는 없으며 또 그러한 시도는 비용 면에서도 현실적이지 못하다. 정전은 우리가 편리하게 사용하는 전기의 사용 과정에서 발생하는 자연적인 현상의 일부일 따름이다. 작은 정전이라도 나면 마치 담당 엔지니어들의 관리 잘못처럼 뉴스가 되고 인식되는 우리의 전력망 운영에 대한 이해 수준도 이제는 스마트그리드 선도 국가의 국민답게 함께 업그레이드되어야 한다.

MIT 전기과 첫 한국인 Ph. D. 주덕수 박사

고학년이 되면서 '주덕수'와 사귐이 깊던 전기과 추억을 붙인다. 3학년 어느 가을날 그는 '미국 유학을 가려 한다'라고 실토했다. 덕수는 혜화동 집을 떠나 기숙사에서 혼자 공부했다. '유학'이 나를 온통 뒤흔들었다. 당시 기차 통학 중 내가 자주 만나던 전자과 서JH가 수리물리 텍스트(Mathews & Walker, 1964)를 자랑했다. 최근 Ph. D. 후 미국에서 응용물리과 조교수로 귀국한 송희성 교수가 가르친다고 얘기했다. 송 교수는 전자기 특론, 양자론 등의 신학문 강의도 맡는다고… 결국 나는 종로와 청계천 서점들을 훑으며 M&W 책 및 잭슨의 전자기 텍스트들을 찾았다(고물 책들이지만 50년이 넘도록 소장하고 있다. CalTech의 매튜와 윌슨의 『수학연구 산책』은 전설이 되었다. 윌슨K. Wilson은 1982년 코넬대학에서 노벨 물리학상을 받았다. 임계현상 통계 물리의 재규격화 이론 수학의 뿌리가 이 전설에 묻혀있다).

학과대표직을 내려놓은 나는 이영기에게 부탁하고는 4학년 전 겨울에 (응용)물리과와 (응용)수학과 과목들을 엄선하고 덕수처럼 All A를 꽂으려고 전기과와 거의 결별했다. 고3처럼 살며 졸업하도록 알바도 중단, 홀로 지냈다. 전기과의 에이스 덕수는 3.0 만점에 GPA 2.96으로, 경쟁 상대 회공과 '김영식'을 추월하여 서울대 총장상을 받았다.

근시의 덕수는 그해 칼텍으로 바로 떠났다. ROTC 소위로 임관, 김신조 공비사건이 터져 강화된 광주 보병학교 입교 훈련 중이던 나는 화천 27사단으로 배치되었다. 컴컴한 산골짜기에 덕수가 보낸 예쁜 카드들이 가끔 찾아주었다(석사과정 후 덕수는 MIT 전기과로 옮겨서 한국인 최초로 박사과정 이수 중일 때 겨우 유학 나간 길에 처음 만났다).

전방에서 2년간 틈틈이 전공을 복습한다는 것은 순진한 망상이었다. 간단한 미적분 공식마저 가물거렸다. 제대하자마자 오랜 기간 마로니에 길(지금의 대학로)을 지나 중앙도서관에 출퇴근했다. 도서관 길과 (복개 전) 나란하던 개울 저쪽은 데모 학생들, 이쪽은 경찰이 대치하였다. 수년간의 '병역', 젊은 과학자의 가슴에 박힌 주홍 글씨 천형을 끊고, 바다 건너 미국 대학으로 '탈출해야 한다'는 절박한 몸부림이 내 심장을 뛰게 하였다. …

지금쯤 덕수는 미국 어디에 사는지 소식이 끊어진 지 십여 년이 흘렀다. 학부 시절 종로 르네상스에서 같이 감상하던 베토벤 협주곡들에 빠져 혼자 그를 생각한다.

5장

십대 대학의 몸부림

대학 발전을 위한 학생들의 소리

학생들에게 글을 써보기를 제안하여 받은 정성이 담긴 A4지 5쪽 내외의 긴 옥고들인데, 과도하게 줄인 요약들에 나의 미안함이 어린다. 지면 제약으로 물리학과 김HB, 산업공학과 김YJ의 2편만 올리는 글인데 그 외 좋은 글들을 놓친다. 뜻의 왜곡이 없도록 조심조심 최대한 신중했다.

물리학과 김HB(9212004)

명문대 신드롬으로 10년, 20년 뒤 발전을 이룬 후 사회에 또 하나의 집단 이기주의, 장애가 되는 '엘리트 집단'으로 성장은 반대한다. … 대학은 교육의 장, 사회가 필요한 인간성을 길러냄이 대학의 존재가치, 미래의 발전된 상태로 나아가는 발전 방안, 미래 사회의 인간상에 대한 사유, 학부 교육은 바로 써먹을 기술자 양산이 목표는 아니듯이 삶의 다음 단계를 위한 고등지식인의 소양을 길러주는 것이다. 또 한 가지 세계화 조류(상업주의 흐름) 속에 국수적 문화 우월주의에 빠지지 않으며, 동시에 서구 중심 문명의 이념에 얽매임을 벗어난 문명의 대안 찾기로 한국의 문화적 정체성을 모색하는 진취성을 갖는다.

문제점: 학생들에게 진취성 부족… 교과목에 매이고 동아리 활동도 즐기려고만 할 뿐 좀 더 나은 상황으로의 노력 없음에 두려움을 가진다. 다른 대학의 학생들과 교류도 소극적이다. … 신입생의 첫 학기를 획일적인 교과 과정에 대한 강박관념으로 보내다.

대안: 교양교육의 강화로 대학생에 걸맞는 지성과 교양을 갖추도록… 1학년생에 다양한 교양 과목을 이수하도록 유도. 학생들은 과제가 많은 교양 과목을 싫어한다. 과도한 전공 과목 과제와 중첩되는 것을 싫어한다. 적절한 전공 수업의 감축이 필요한 부분이다. 학생들의 사회 봉사 활동에 학점을 인정해주는 제도 도입… 각 기업에서도 봉사 활동 경력을 신입사원 채점 대상에 넣는 추세도 감안… 지역사회 교류도 장려…

조심스러우나 학사경고제의 폐지는 현 졸업 요건에 평균 2.0 이상의 규정 존재한다. 매 학기마다 또다시 학(사경)고를 적용하는 것은 이중 규제다. 대학 1~3학년은 고민이 많은 시기. 혹시 '학고'를 맞고는 '투고'를 피하려다가 망가지기까지 젊은 정신의 위축감과 패배감은 어떤 긍정적 가치로도 보상할 수 없다.

산업공학과 김YJ(9523004)

우리 주변에 경쟁 관계를 통해 상호 발전을 도모할 학교가 없었다. 학교는 많은 양의 학업과 철저한 평가로 우수한 학생들을 양육했다. 자랑할 만한 성과를 얻기도 했다.

그러나 이것은 한편으로 우리가 잃은 것들이 있기에 존재하는 결과이기에 이런 학생 양성 방식이 잘못된 것이라 생각한다. …

첫째로 이 외진 곳까지 가정을 떠나와 이곳에서 친구를 만나고 거의 가족과 같다시피 한 환경에 생활하는 우리에게 많은 짐으로 지워진 힘든 생활 가운데 서로 간의 경쟁으로 우리의 영혼이 삭막해지게 하는 것은 실로 큰 실수다. 누군가가 제적을 당할 때면, '또 한 명이 나가는구나, 삶이 그런 거지'라는 한숨 속에 잊어버리고 더욱더 허리띠를 졸라매거나 좋은 요령꾼이 되어 말이다.

둘째로 이러한 경쟁적인 생활을 통해 우리는 친구를 사랑하는 마음을 잃고, 그것보다 더 심각한 것은 학교를 사랑하는 마음을 잃는다는 것이다. 우리를 엘리트로 만들기 위해 보낸 삭막한 시간밖에는 존재하지 않기 때문이다. 학교에서 우리를 보살폈지만, 우리의 마음속에는 그에 대한 감사의 마음이 그리 크지 않다. "조금 덕을 보긴 했지" 정도로밖에는 느끼지 못하는 것이다.

나 자신이 느끼는 바로도 얼마나 많은 학생이 학교에 대해 무감각한지 모른다.

왜 우리는 아낌없이 주는 나무와 같이 우리를 위해 많은 것을 제공해 온 우리의 학교에 대해 이토록 차가운 마음으로 교문을 나서야만 하는 것인가. … 우리의 영혼 속에 새겨진 실패의 상처와 닫힌 마음은 어쩌면 영원히 풀 수 없는 것인지도 모른다.

전체로서의 학교의 발전을 위하여

학교의 발전이란 무엇인지에 대해 이야기하기 원한다. 그간 우리 학교의 패러다임은 '노벨상 수상자 배출'이었다. … 그것은 언젠가 이루어질 수 있는 일이라 생각한다.

그런 관점에서 지금 우리가 학교에 대하여 염려하고 걱정하는 것은 노벨상 수상의 문제가 아니라 생각한다. 이 사회를 이끌어갈 인재의 양성,

그것이 지금 우리가 부족함을 느끼고 걱정하는 부분이라 생각된다.

미국의 대학은 졸업생들의 기부로 운영된다고 한다. 그러기에 미국의 대학들은 학업 성취 능력도 중요하지만, 성공의 가능성을 가진 진취적이고 적극적인 학생을 원한다고 한다. 이렇게 학생들은 자신들이 인정받는 존엄성을 가진 존재라는 자부심과 함께 생활하고, 마쳐서는 감사의 마음으로 모교를 잊지 않는다.

현재 우리가 추구해 온 학교의 발전은 희생 가운데 달성이었고, 많은 낙오자를 나아왔다. 12년간 100여 명이나 제적당했다는 것은 학교에서 배출한 3,000여 명을 생각할 때 실로 큰 수가 아닐 수 없다. … 한 번의 실패는 만회할 수 없는 자신감의 상실을 쉽게 가져오고, 열등감 가운데 대학 생활을 방황하게 된다.

학교의 발전이란 문제를 생각할 때, 학교가 모든 학생을 성공적으로 성장할 수 있도록 목표를 정하고 나아가야 할 것이라고 생각한다. 결과 중심에서 학생 중심으로의 사랑에 기반을 둔 교육 이념을 가져야 할 것이다.

학사경고제도의 문제점과 제안

학사경고제도는 우리가 그 잘못에 대해 깊이 반성하고 새로 시작하고자 하는 의지의 자주성을 가진 존재임에도, 이러한 생각을 스스로 하기 전에 회초리가 먼저 떨어진다는 문제점이 있다. 학사경고는 벌이 아니라 충고가 돼야 한다. 첫째로 3회의 학사경고만으로 학교를 떠나야 한다는 것은 우리의 자신감을 회복하고 의욕을 다시 찾아 공부를 만회하는 게 아니라, 존엄성의 상실로 정상적 영혼이라면 견디기 힘든 짐이 돼버린다.

둘째로 체벌적인 방법은 자주적인 인간에게 반항심을 일으키고, 학교에 의해 지배당하고 있다는 반발 감정을 형성한다는 것이다.

　제도의 수정이 되어야 하고, 정학과 제적 제도는 없어져야 한다. 학사경고자는 학교를 떠나고 싶지 않다. 2회의 학사경고로 인한 1년의 정학은 참으로 부적절한 처사인 것이 학교 밖에서 공부로 회복한다는 것은 더욱 어렵다. 이렇게 되면 군대에 가도록 내몰리고, 실패자가 군으로 쫓겨가는 모습의 어려운 결과가 되어버린다. 오히려 2회 정학은 1년 학교를 더 다녀야 한다고 나는 생각한다. 낭비해버린 시간을 스스로 느끼며, 여유 있는 마음으로 다시 시작하고 만회할 수 있을 것이다.

둘째로 제적 제도이다. 비교 대상으로 '토플 550'을 삼아보자. 두 가지 모두 부족한 것이 있어 만든 제도이다. 전자는 숱한 낙오자를 양산한 것에 비해 후자는 어느 정도 성과를 거둔다. 졸업 대상자 가운데 토플 550을 통과하는 학생들이 점점 늘어가고, 더 많은 학생들이 이어폰을 꽂고 다닌다. 나는 제적 제도를 졸업 제한 제도로 바꿔야 한다고 생각한다. 끝내 못 마친다 하더라도 스스로 나가는 자와 낙오자로 나가는 자의 마음이 다를 것이다.

압력밥솥 같은 대학 신문사 사태 - 이YJ

전반부에 살펴본 것처럼 사회적 동요에 흔들린 학생들의 불안정 심리가 학생들의 징계까지 발전하였지만, 포항지진 같은 김호길 총장의 급서 후 큰 혼란 속 안정을 찾아가려는 구성원들의 조용한 노력이 3년간 흘렀다. 3년의 긴장이 만든 침묵 속에 부글거리는 모습의 거품은 보이지 않았으나 완만하게 상승하는 압력은 보이지 않았을 뿐이었다. 고압증기 분출이 엔진을 움직이는 인간 열역학을 느낀다.

신문사 사태에 대한 해명을 요구한 학생

Date	25 May 1997 04:00:19 GMT
From	tims-gateway@postech.ac.kr(TIMS Gateway)
Subject	[문의/응답 교무처] 신문사 사태에 대한 해명을 요구(이YJ의 글)

이번 포항공대 신문을 보고 나서 어이가 없어서 글을 올린다. 이 문제에 대한 빠른 답변이 없을 경우 신문사 기자들과 모든 포항공대의 학생이 분노하고 항의를 할 수 있음을 교무처에 한 학생의 이름으로 경고하는 바다. 내가 포항공대에 입학할 때는 이러한 사태가 발생하리라는 것은 꿈에도

생각하지 못했다. 어떻게 학교의 신문을 일개 신문사의 간사 한 사람이 만들 수 있는가. ··· 이런 말도 안 되는 사태에 대해서 빠른 해명이 있어야 할 것이다.

지난 115호 신문이 나오지 않은 이유에 대해서 신문사의 간사라는 작자가 학생 기자들이 취재한 글을 아무런 협의도 없이 삭제하였고, 여기에 반발한 기자들이 신문 제작을 거부한 것으로 알고 있다.

간사가 무슨 학교의 학교 측 하수인이라도 되는 것처럼 아니 실제로 신문사의 간사는 학교의 끄나풀에 불과하고 아무것도 아닌 사람. 그의 임무는 학교의 좋지 않은 이미지가 신문에 나는 것을 방지하는 정보 탄압, 언론탄압의 안기부 역할을 하는 이런 개 같은 사태에 난 한 학생으로서 분노를 금할 수 없다.

지금까지 안 좋은 일이 있어도 다음에는 안 그러겠지 하는 생각으로 참고 참아 왔는데 116호 신문을 학생신문의 일개 간사라는 작자가 자기 임의대로 나름대로 말이다.

이 사태에 대한 빠른 해명과 학교 측의 사과가 없을 경우에는 지난번 식중독 사태보다 더한 학생들의 반항을 볼 것이다. 반발이 있을 것이라는 자명한 일을 학교 측에서는 왜 모르는가.

그리고 이번 사태에 대해서 도대체 총학에서는 뭘 하는 것인가? 드디어 총학도 어용 총학이 되는 것인가?

아무튼 이 사태에 대한 학교 측의 해명과 신문사 간사에 대한 문책이 반드시 뒤따라야 한다는 것을 한 학생으로서 요구하는 바이다.

* 이 글에 대해서 말투가 싸가지 없다고 욕할지도 모른다. 하지만 현재 학교가 학생들에게 먹고 있는 욕의 수준에 비하면 아무것도 아니니까 그리 걱정하지는 말기 바란다···.

* 참고로 현재 들리는 이야기에 따르면 학생들뿐만 아니라 교수 사회에서도 현장수영 총장 체제를 이번 임기가 만료되는 대로 다른 체제로 바꾸고 총장 및 보직자 전원을 교체해야 한다는 주장이 제기되고 있다. 이 점 적극 고려하시길 바란다.
* 이 사태도 김영삼의 권력 말기 레임덕과 통하는 사태인가 하는 생각이 든다. 더 이상 안 되니까 언론을 탄압하고 학생들의 의사를 무시하고 해당 학생을 아무 이유 없이 징계하고 말이다.

| From | tims-gateway@postech.ac.kr(TIMS Gateway) |
| Subject | [문의/응답 교무처] [응답] 신문사 사태에 대한 해명을 요구[김JH] |

많은 학생이 이번 신문사 사태로 이YJ님처럼 화가 났을 것입니다. 하지만 개인적으로는 YJ님의 글도 저를 안타깝게 합니다. 전자게시판은 다수가 글을 써 의견을 낼 수 있고 또 다수가 볼 수 있는 쌍방향의 의사 전달 통로인 것은 새삼 말할 필요가 없겠지요. 서로 직접 말로 대화를 할 때도, 설사 전쟁 중인 원수지간에 회담을 할 때도 지킬 예의가 있는 것처럼 전자게시판도 마찬가지라고 생각합니다. 제가 이렇게 말하는 것은 누구를 옹호하는 것이 아닙니다. 아무리 어떤 주장이 정당하더라도 그 주장을 하는 방식이 바르지 못하다면 자칫하면 그 주장이 지지를 얻지 못하게 됨을 염려한 것입니다.

그리고 총학은 YJ님이나 저처럼 학생회장 개인의 생각을 바로 총학의 입으로 낼 수 있는 것이 아닙니다. 나름대로 내부 회의를 거쳐야 총학의 이름으로 주장을 낼 수 있는 것입니다. 물론 아직까지 총학에서 별다른 반응이 없는 것이 아쉽기는 하지만 그렇다고 '어용 총학'이라니요.

끝으로 저 역시 학교 당국에 신문사에 자율권 보장을 주장합니다.

From	tims-gateway@postech.ac.kr(TIMS Gateway)
Subject	[문의/응답 교무처] [응답] 신문사 사태에 대한 해명을 요구

김JH님의 글을 잘 읽었습니다.

제 글이 상당히 어투가 마음에 안 드시는 것 같은데 이 점은 아까 제가 너무나도 흥분한 상태였기에 사과드립니다.

그러나 많은 학생이 느끼고 있는 바 학교의 정책이 제대로 되어가고 있다는 생각을 할 수 없을 것입니다. 그리고 이번 사태는 그 발단이 약 보름 전이기 때문에 총학이 그동안 이 일에 대해서 모르고 있었다는 것은 말이 되지 않습니다.

그리고 얼마나 진지한 토론을 하는지는 모르겠지만 보름 동안이나 이 신문사 사태에 대해서 아무 언급이 없다는 것은 총학에 기대를 걸었던 한 사람으로서 상당히 실망스러운 기분이 들 따름입니다. 제가 입학한 이후로 이런 일이 수차례 발생했고, 학교 당국에서는 이러한 일들이 일어날 때마다 정말 서글프군요.

학생이나 학생 자치단체나 모두들 학교에 대해서 무기력하고 수동적인 모습들만 보여주는 것을 다시 한번 학교 측에 요구합니다.

이번 사태에 대한 해명과 함께 관련자의 사과를 반드시 해 줄 것을 바랍니다.

제목	대학의 모든 분들께	
작성자	성명	학생, 이YJ
소속	재료금속공학과	
	Username	ST9621027
	연락처	279 -----

전 대학에 들어온 이후 한 번도 포항공대가 다른 학교보다 못하다는 생각

을 해 본 적이 없는 학교를 사랑하는 한 학생입니다.

그런데 이번 신문사 사태에 대한 학교의 일부 교직원과 교수님들의 태도를 보고는 처음으로 이 학교를 택한 것이 후회될 정도로 슬픈 심정입니다. 학교의 신문을 만드는 주체가 과연 누구일까요? 그것을 학교에서 장악하고 있는 것이 교수님들이나 교직원들께서 바라는 것입니까? 학교의 학생들은 그냥 공부만 하고 학교에서 부여하는 과제나 풀고 그러면서 학교에 다니면 되는 것입니까?

학교에서는 우리에게 21세기의 한국을 이끌어나갈 주체가 되라고 합니다. 그러면서 학교에서는 학교의 학생들에게 가장 기본적이라고 할 수 있는 '생각을 표현할 수 있는 자유'를 억압하고 있습니다.

학교의 홍보지와 같이 학교에 대한 좋은 기사만이 실린 포항공대신문을 보면서… 참 어이가 없군요. 지금도 이러한 구시대적인 발상을 하는 사람들이 있다는 사실이 국내뿐만 아니라 세계 어느 대학에 가도 학교 측에서 신문에 대한 제작권을 장악하고 있지는 않습니다.

지난 80년대 말 이후로 국내에서의 신문에 대한 제작권은 모두 학생에게 이양되어 있는 상태입니다. 서울대에서 1980년대 후반 학교 신문의 자율 제작권을 주장하며 발생한 '신문을 모아서 한꺼번에 화형시키는' 사건이 우리 학교에서도 일어나야만 하는 것일까요?

세계 속의 포항공대를 지향한다고 하면서 지난 1970, 1980년대 정부에서 하던 언론탄압과 똑같은 행태를 학교에서 하고 있는 이 현실이 얼마나 모순되는지 아십니까?

posb의 아이디가 있는 분은 한 번 들어가 보십시오. 가서 10800번 대에 있는 '고삐리 4학년'이라는 글을 보십시오. 우리 학교에도 일어나야만 하는 것일까요? 지금은 21세기를 몇 년만 앞에 둔 시기입니다.

전자서명운동 - 김EK

제목	전자서명운동	
작성자	성명	학생, 김EK
소속	산업공학과	
	Username	ST9623003
	연락처	279 -----

역시 아직 가야는 조용하군요. 아무래도 학생들은 대부분 포스비를 이용하다 보니… 하지만 대충 포스비 상황을 가야로 퍼 올릴까 생각 중입니다. … 역시 학내 공식적인 일은 가야를 통하는 게 정상적이니까요.

현재 포스비 내에서 이미 각 자치 단체들과 신문사가 성명서를 발표했구요. posb의 아이디가 있는 분은 한번 들어가 보십시오. 가서 10800번 대에 있는 '고삐리 4학년'이라는 글을 보십시오. 생각이 있는 사람이라면 우리 학교의 정책이 잘못되어도 상당히 잘못되어 있다는 사실을 알 수 있을 것입니다. 현재 포스비 내에서 이미 각 자치 단체들과 신문사가 성명서를 발표했고요. 그 내용은 학내에 자보로 붙어 있으니 모두 보셨을 거라 생각됩니다. union/postechtimes보드에 같은 제목의 글로 올리는 거지요.

40 miny	05/26	52 전자서명운동에 관하여
41 N mb	05/26	46 현직 기자들의 부당한 해직을 반대한다.
42 N miny	05/26	43 현직 기자의 부당한 해직을 반대한다
43 N novice	05/26	45 현직 기자들 부당한 해직을 반대합니다.
44 N zzang	05/26	52 (서명)현직 기자들의 부당한 해직을 반대한다.
45 N simplex	05/26	51 현직 기자의 부당한 해직을 반대한다
46 N jolary	05/26	54 (서명)현직 기자의 부당한 해직을 반대한다
47 N octavf	05/26	43 현직 기자의 부당한 해고에 반대한다.
48 N ILLHYHL	05/26	39 (서명)현직 기자의 부당한 해임에 저도 반대
49 N Yo-Yo	05/26	43 (서명) 현직 기자들의 부당한 해직을 반대
50 N Crane	05/26	42 (서명)현직 기자의 부당한 해임을 반대한다.
51 N Orion21	05/26	38 (서명) 현직 기자들의 부당 해임 반대…
52 N Eissi	05/26	38 현직 기자들의 부당한 해임 결사 반대…
115 N Braveheart	05/27	12 (서명)학생 기자의 부당한 해직 반대!!!!!!!!
116 N mazinga	05/27	9 (서명) 현직 기자의 부당한 해직을 반대한다!!
117 shining	05/27	12 (서명)현직 기자들의 부당한 해직을 반대한다.
118 N strut	05/27	11 (서명) 부당해고! 즉각 철회할것을 요구
119 N mygirl	05/27	11 현직 기자들의 부당한 해직을 반대한다
120 N celavie	05/27	4 나도 서명…
121 N widewood	05/27	6 (서명) 현직 기자의 부당한 해직을 반대한다!
122 N Quatre	05/27	6 (서명)학생 기자 부당 면직 반대!
123 redu	05/27	8 (서명) 현직 기자의 부당한 해고를 반대한다.
124 N babox	05/27	2 (서명) 현직 기자의 부당한 해직을 반대한다
125 WHITEG	05/27	1 (서명) 현직 기자의 부당한 해고를 반대한다

성명서-신문사-총학생회-학과학생활동협의회

포항공대신문 116호의 파행 제작에 대하여

제목	학생 기자들의 입장	
작성자	성명	학생, 김EK
소속	산업공학과	
	Username	ST9623003
	연락처	279 -----

날짜/시간(Date)	1997년 5월 24일 (토) 16시 48분 26초
제목(Title)	116호 신문의 파행 제작에 대하여

이럴 수가 있습니까?

포항공대 신문이 학생 기자의 손을 떠나 편집 간사의 독단적 강행에 의해 제작되었습니다. 저희 학생 기자들은 5월 23일 날짜로 발행된 포항공대 신문 116호의 제작에 일체 참여하지 않았습니다. 이는 지난 4월 18일에 발행된 115호 신문의 파행적 제작에 대한 항의의 표시였습니다. 주간 교수, 편집 간사와 학생 기자들 사이에서 수차례 있었던 화해 시도는 모두 무산되었고, 학생 기자들은 정당한 편집권이 보장될 때까지 신문 제작을 전면 중단하기로 합의하였습니다. 그러나 박상우 편집 간사는 학생 기자들의 요구를 완전히 무시한 채 학생 기자들의 참여가 배제된 상태에서 독단적으로 신문을 제작하였습니다.

학생 기자들의 참여가 전혀 없었다는 것은 지면에 학생 기자들의 이름이 전혀 없다는 점을 보더라도 쉽게 알 수 있습니다. 모든 보도 기사는 박 편집 간사의 손에 의해 쓰였으며, 기명 기사들도 모두 박 편집 간사의 기획과 청탁에 의해 써졌습니다. 학생 기자가 없는 대학신문이란 있을 수 없습니다. 소수의 직원만이 참여하여 만드는 신문이란 진정한 대학 언론지가 아니라 홍보지에 불과합니다.

게다가 지난 한 달간의 투쟁에 대한 보복의 일환으로 위장환 기자와 박동수 기자가 강제 면직되었습니다. 이는 명백히 김원중 주간교수의 허락도 받지 않은 박 편집 간사의 행위였습니다.

우리 학생 기자들은 이 문제를 결코 좌시하지 않을 것이며, 각 자치단체와의 연계 투쟁을 통해 신문 제작의 정상화와 학생 기자의 편집권 회복을 위해 노력할 것입니다.

1997년 5월 24일

포항공대 신문사 기자

박동수, 신문수, 오봉훈, 위장환, 이동민, 최운용,

안길한, 양해운, 양현정, 장재혁, 차지은, 허용수, 허진욱

제목(Title)	116호 신문의 파행 제작에 대하여

성명서

지난 4월, 115호의 제작을 둘러싸고 발생했던 학생 기자들과 학교 측의 대립은 우리 포항공대 신문사의 고질적인 문제점에서 출발했다. 지난 수년간 학생 기자들의 수와 역량이 부족함에 따라 직원인 편집 간사가 신문 제

작에서 절대적인 위치를 차지하였고, 이에 따라 학생 기자들의 의견이 신문에 반영되기 힘들었음은 물론이고, 급기야 편집 간사가 학생 기자들의 상위에서 여러 가지 일을 지시하고 학생 기자들은 말없이 그를 따르는 것이 관례화되다시피 하였다.

그와 동시에 소위 건학이념에 조금이라도 어긋난 기사는 절대로 금기시되는 기형적인 신문 제작이 지속되었고 편집 간사는 학생 기자들에게 이러한 신문 제작을 강요하는 선봉에 섰다.

이런 상황에서 벌어진 이번 115호의 파행적 제작을 놓고, 우리 학생 기자들은 우리 신문사의 비민주적이고 비합리적인 조직 운영을 더 이상 두고 볼 수 없는 상황에 이르렀다고 판단하게 되었다. 더욱이 학생 기자와 간사 사이에서 중재자 역할을 해야 할 주간 교수조차도 미온적인 태도에서 벗어나지 못하여 대립을 합리적으로 해결하지 못하였다.

따라서 학생 기자들의 대화 시도는 아무런 효과를 거두지 못하였다. 따라서 115호의 파행과 우리 신문사 내에 고질적으로 존재하는 구조적 모순에 대해 우리는 다음과 같이 주장한다.

하나, 학생 기자는 근로학생이 아닌, 신문 제작에 능동적으로 참여할 권리를 가진 주체적 존재이다. 학생 기자들의 자율적 신문 제작을 최대한 보장하라.

하나, 간사는 신문 편집에서 가능한 배제된 상태에서, 학교의 직원으로서 행동하라.

하나, 주간 교수는 언론으로서 우리 신문의 바른 역할을 인식하고, 간사와 학생 기자 사이를 적절히 조화시키며 책임감 있게 신문 제작에 임하라.

하나, 총장을 위시한 대학 본부는 기관지가 아닌 학내외의 공식 언론으로서의 우리 신문의 독립성을 인정하고 제작 과정에서의 중립성 및 공정성 유지를 보장하라.

1997년 5월 26일

포항공대신문사 기자

박동수, 신문수, 오봉훈, 위장환, 이동민, 최운용

안길한, 양해운, 양현정, 장재혁, 차지은, 허용수, 허진욱

자유언론을 지향하는 포/항/공/대/신/문/사/

제목	다른 자치 단체들의 입장	
작성자	성명	학생, 김EK
소속	산업공학과	
	Username	ST9623003
	연락처	279 -----

글쓴이(From)	STUNION(총학생회)
날짜/시간(Date)	1997년 5월 27일 (화) 6시 37분 46초
제목(Title)	[총학]성명서-신문사 사태에 대한 총학의 입장

성 명 서

먼저 11대 총학생회는 이번 포항공대신문 115호의 파행적 발간에 대해 학교 측에 대한 유감을 표명하며 신문사 기자들의 입장을 적극 지지한다. 또한 총학생회는 이러한 사건이 일어나게 된 배경은 단순히 신문사 내부의 갈등이나 단발성의 사건이 아닌 학교 구성원들이 개교 초기부터 지녀왔던 문제의 표출이라 생각한다.

언론탄압… 70년대 군사독재 시절에나 있었다고 생각했던 일들이 지금 우리 앞에서 그것도 사회와 학교 두 곳에서 일어나고 있다. 과거와 현시대의 모순이요 안타까운 처사라 하겠다. 이는 또한 개교 초기부터 과학지도자 양성이라는 포항공대의 교육 이념에조차 위배되는 비교육적 행위이다. 이번 115호 사태는 신문사 내부의 구조적, 제도적 모순에서 유발되었음은 신문사 기자들의 글에서 누차 지적된 바 있다. 이 제도의 불합리성은 근본

적으로 학교의 학생에 대한 불신으로부터 시작되었다고 총학생회는 판단한다. 또한 이러한 불신감을 기반으로 하는 제도를 학교가 지속하려 한다면 이는 학교의 세 주체에 대한 상호 간의 화합을 학교 측이 스스로 포기함을 보이는 처사이며, 교내 세 주체 간의 화합과 상호 타협에 의한 발전적 방향을 모색하고자 하는 총학생회의 입장에도 상반된 것임은 자명한 사실이다.

총학생회는 포항공대 세 주체를 통해 대화와 타협으로 이 사태를 수습하는 것이 기본 입장임을 밝힌다. 우리 학교의 목표는 최고의 대학이며 학생의 궁극적 지향점은 지도자임을 학생과 학교 모두가 명심해야 할 것이다. 학생 측도 이를 위해 고쳐 나가야 할 점이 많음을 인정한다.

그러나 현 사태는 학교의 제도가 걸림돌이 된다고 총학생회는 판단하며, 학교는 발전적인 방향으로 제도 개선을 위한 노력을 할 것을 강력히 촉구한다.

대학신문은 대학 사회를 대변하고, 정신 문화를 주도하며, 학교 내의 문제점을 발견하여 시정하기 위한 것이다. 이를 위해서는 대학신문의 자율성과 자주성이 반드시 필요하다. 총학은 이러한 권리를 찾기 위한 학생 기자의 대응책에 기본적으로 동조하며 학생 기자의 주장이 수용될 수 있도록 최대한 노력하겠다. 10년이 지나면서 많은 상황이 바뀌었다.

학교는 구시대적이며 낡은 제도를 지키기 위해 창의적이며 진취적인 지도자양성의 목적을 잊어서는 안 될 것이다. 형식을 위해 본질을 외면하는 우를 범하지는 말아야 할 때이다.

우리는 현 신문사 사태에 대하여 심히 우려를 표하는 바이다. 이번 사태는 포항공대 신문사 내부의 갈등이라기보다는 학생 자치 단체와 학교 당국 사이에 존재하는 고질적인 구조적 모순에 기인하는 것으로 보아야 할 것이다. 이에 학과학생활동협의회는 언론의 자율성과 함께 이러한 문제의 시발점이 되는 구조적 모순의 해결을 요구하는 신문사의 입장을 적극 지지한다.

1997년 5월 27일

수학과 학회장 박문기　　물리과 학회장 김효상

생명과 학회장 홍원표　　재료과 학회장 송영주

전산과 학회장 남덕윤　　화공과 학회장 손병익

학과학생활동협의회

제목	학생들의 반응	
작성자	성명	학생, 김EK
소속	산업공학과	
	Username	ST9623003
	연락처	279 -----

음… 일반 학우들의 반응을 다 올리자니 너무 많군요. 대체로 이번 사태에 대해선 지지하는 방향이고요. 이번 사태에 보다 근본적인 이유라는 점에서 이 글을 퍼 올리도록 하겠습니다. 그럼 간략하게 올라오고 있는 추세만 퍼 올리도록 하겠습니다. 아래 내용은 postechian 보드입니다.

10744 Chaos	05/24	474 신문사 사태(?)는…
10745 evangelion	05/24	433 (RE:Gone) 이번 포항공대신문
10746 Reporter	05/24	521 116호에 대한 학생 기자의 입장과 상황
10747 writer	05/24	503 훌륭한 포항공대 신문…
10748 dimi	05/24	419 내용 없는 신문은 쓰레기. 쓰레기처리장으로
10749 U mazinga	05/24	359 [RE:dimi] 내용 없는 신문은 쓰레기처럼

10750 Reporter	05/24	419 116호 신문의 파행 제작에 대하여
10751 bedscene	05/24	388 신문
10752 miny	05/24	390 월권행위
10753 redpig	05/24	336 신문
10754 PROGRESSIVE	05/24	335 학생 기자들의 행동을 적극 지지
10755 Certain	05/24	410 문제가 되었던 기사…
10756 childman	05/24	375 신문 관련…
10757 cococo	05/24	323 그럴수가…
10758 Chaos	05/24	306 (RE:miny) 월권 행위
10759 dimi	05/24	302 (RE:Chaos) 월권 행위
10786 U Gate	05/25	276 신문에 대해서 자세히…
10787 U sophy	05/25	243 신문?????
10788 U sofce	05/25	268 포스텍 내의 언론통제…
10789 Reporter	05/25	218 (RE:Gate) 신문에 대해서 자세히…
10790 Bruce	05/25	297 (RE:flyjys) 연세대학을 다녀와서
10791 trip2	05/25	488 저는 고삐리 4학년입니다.
10792 U trip2	05/25	262 (RE:Reporter) (신문사) 간사님 개인의 문제?
10793 dragoon	05/25	236 (RE:flyjys) 연세대학을 다녀와서
10794 BedMan	05/25	347 총학의 도서관 정리 공고
10795 BedMan	05/25	414 신문기자 면직.
10796 MARIAH	05/25	277 (RE:flyjys) 연세대학을 다녀와서
10796 MARIAH	05/25	277 (RE:flyjys) 연세대학을 다녀와서
10797 U Certain	05/25	192 (RE:panther) 하지만…
10798 BedMan	05/25	440 학생은 공부나(?)
10799 smurf	05/25	409 간사님의 입장
10800 cart	05/25	289 (RE:smurf)간사님의 입장
10801 Yo-Yo	05/25	281 깃털론
10802 kiss	05/25	315 광주에서 무슨 일이 있다고 하는데…
10803 Certain	05/25	272 (RE:kiss)광주에서 무슨 일이 있다고 하는데
10804 cosmoso	05/26	188 (RE:BedMan)이현세 씨의 남벌을 읽어보고
10805 cosmoso	5/26	212 그런 신문 만드는데 우리가 낸 돈두 들어가겠
10806 B.CAD	05/26	276 광주와 포스텍 신문…
10873 miny	05/26	274 오늘 주간교수와의 대화…
10874 miny	05/26	240 전자서명운동
10875 kiss	05/26	235 너무 힘 빼지 맙시다.

10876 N Eissi	05/26	184 학생신문 만듭시다.
10877 potato	05/26	156 (RE:Mufasa) (참고)대학 신문의 정치적 내용
10878 potato	05/26	203 (RE:kiss) 너무 힘 빼지 맙시다…
10879 N sophy	05/26	111 (RE:youb7521) 저도 한마디…
10880 PROGRESSIVE	05/27	133 (RE:wing) 문제의 기사내용을 본 소감
10881 IQbox	05/27	191 우리는 노예이다.(총학에 부침)
10882		
10883 sound	05/27	301 오늘 주간 교수님의 수업…
10884 sound	05/27	258 기분 나빠…
10885 IQbox	05/27	226 위의 글에 이어
10886 smurf	05/26	183 (RE:IQbox) 위의 글에 이어
10887 Eissi	05/27	253 보다 못한 선배가…
10888 N Yo-Yo	05/27	139 (RE:IQbox) 위의 글에 이어
10889 N Yo-Yo	05/27	182 (RE:sound)오늘 주간 교수님의 수업…
10890 Certain	05/27	128 (RE:smurf) 오늘 호외보 좋던데
10891 idealist	05/27	156 도서관 자리 정리와 도서관 문화 운동에 관해?
10892 N yaksup	05/27	138 (RE:lilot) 7학년짜리 고삐리가 하는 말.
10921 Mufasa	05/27	119 (잡담)서약서
10922 sound	05/27	92 (RE:kiss) 오늘 주간 교수님의 수업…
10923 sound	05/27	103 음…보드에 갑자기…
10924 zzang	05/27	70 (RE:sound) 음… 보드에 갑자기…
10925 aaa		
10926 iecenter	05/27	69 이번 신문사 일을 지켜보면서…
10927 silverstone	05/27	84 온실 속의 화초…
10928 lens	05/27	57 (RE:silverstone) 온실 속의 화초…
10929 dubuking	05/27	48 그냥 저의 생각입니다…
10930 Reporter	05/27	66 (대자보) 김 주간교수, 이럴 수 있는가?
10931 Yo-Yo	05/27	36 (RE:lens) 온실 속의 화초…
10932 gauss	05/27	29 (학과협) 10명이 하나로…

경고 편지 사건과 정성기 교수의 답변

화학과 주임교수님께

주임교수와 본인에게 전달된 1997년 6월 5일 자의 총장의 본인에 대한 경고서한에 대한 답변입니다. 경고서한과 더불어 파일에 넣어두시기를 요청합니다.

1. 경고서한을 접수하게 된 '총장에게 보낸 권고 서신'에 대한 경위 설명은 첨부한 "포항공대의 현황 인식을 위한 제언"과 "관련 교수들께"에서 간략하게 기술되어 있습니다.
2. 대학 발전에 필요한 것으로 판단되어 정교수 다수의 의견을 수렴하여 보낸 서신 형태의 충고(message)를 집단행동으로 규정하고 경고를 보내는 행위에는 결코 동의할 수 없습니다. …
   첨부된 서신이 경고장을 justify 하는 것인지, 책임감 있는 대학의 구성원이 총장에게 할 수 있는 충고의 표현인지는 대학 전체 또는 역사 판단에 맡길 것을 제언합니다.

1997. 6. 18.

정성기

본 서한의 내용처럼 정교수들이 보낸 충고 서한에 대해 장 총장이 정교수들에게 경고서한을 보냈고(나도 받음), 정성기 교수가 그 답신을 공개한 것이다. ― 참고로 교수평의회의 정기설문에는 총장 평가가 있는데, 정책 제안과 수행 정도, 기금 확충과 신사업, 대학 · 재단 관계 등의 항목 평가로 현직 총장이 평가를 받는다. 이 결과가 심히 부정적일 때 재임되려는 총장은 교수들의 지지를 잃는다. 현직 총장이 재임 노력을 하는 경우 이것이 재단의 새 총장 선임에 고려된다. 우리 대학은 직선제 총장이 아니지만 이 평가로 교수들의 의지가 표시된다.

단지 이것이 재임하려는 경우고 새 총장이 되려는 후보와는 무관하여 총장 후보 문제가 대학에 큰 문제를 야기한 경우를 2003~2005년에 겪는다.

최근 외부에서 지원한 총장 후보의 경우 재단이 교수들에게 추천하였고, 재단의 영향력으로 4년 후 재임하려는 경우가 발생, 교수들의 평가를 무시하려는 과정이 있어서 학내 분규가 발생했다.

6장

IMF[좀바#28](1997. 12. 8.)

　12월 3일은 우리 대학의 개천절인데, 1997년 12월 3일은 우리나라의 정축보호조약이 맺어졌다. 온 나라가 뒤숭숭하고 검은 하늘 같았다. 우리 대학은 이중고의 고뇌 찬 겨울을 맞고, 모두처럼 이 마음 역시 진정되질 않는다.

　정축은 고무래와 소의 해 · 땅에다 대갈 말뚝을 고무래 'ㄱ'처럼 박아 놓고 소처럼 일하는 우리 서민들의 고삐를 묶어버린 해가 되었다. 우리가 묶여서 일을 못 하고 울면 하느님은 들으실지, 배를 곯고 울면 할미소라도 보내주실지. 아니면 구렁이 같은 달러화($)가 우리 돈(₩)을 삼킬는지, 메두사 같은, 이두사 같은 엔화(¥)가 원화(₩)를 요절낼지… 그래도 내일을 살아야 한다. 뿌리를 거덜 낸 뿌리를 걷어야 한다.

⟨과학이 보인다⟩ "'광파가설' 파장"
─ PQR Laser

수년 전 Bell 연구소에 초빙되어 SEED 광소자 개발 소식을 전했는데,
94년 Bell에서 광교환소자 연구시 IBM과 e빔을 협의하다가 귀국하여 재
시도 탐색에 3년이 흐르며, 우리 랩에서 대안을 찾아 더듬던 시간 속에서
PQR [Photonic Quantum Ring]이라는 새로운 소자를 발명하던 얘기이
다. 그때 한 덩어리로 고생하던 졸업생들과의 시간이 아련하다.*

> 포항공대 전자전기공학과 권오대 교수(52)가 양자물리학계의 정설인 드브
> 로이(de Broglie)의 '물질파 가설'에 정면으로 배치되는 '광파(光波) 가설'을
> 제기함으로써 전 세계 물리학계의 큰 관심을 끌고 있다.
> 권 교수는 이와 같은 연구와 실험 결과를 지난 1월 미국 새너제이에서 열린
> 국제광전자학회에서 발표했으나 관련학계에서는 이에 쉽게 동의하지 않은
> 채 당혹감만 내비쳤다. 이에 따라 권 교수는 미국 물리학회에서 발간하는 세
> 계 최고 권위의 학술지인 「피지컬 리뷰 레터」(PRL:Physical Review

---

* 당시 KBS 홍사훈 기자의 알림, "전국 과학기자 클럽이 광양자테PQR laser 발명에 올해의
  과학자상을 수여하기로 결정하였다. 단, 갑자기 발생한 IMF경제환란으로 시상식은 좀 연기
  될 것이니 나중 통화할 것이다."

Letters)에 심사를 의뢰했다.

PRL 심사진도 처음에는 "이와 같은 연구 결과가 나온다는 게 도저히 믿기지 않아 게재하기 어렵다"는 반응을 보였다.

권 교수는 자신의 연구 결과를 PRL 측에 상세히 설명하는 등 연구 결과 입증을 위해 노력한 결과 최근 PRL 측은 "심사 결과 내년 1월 게재하기로 최종 결정했다"고 공식 통보해왔다.

1년여 동안 진행된 논쟁에서 권 교수의 연구 결과가 마침내 세계적으로 인정받는 쾌거를 이룩한 것이다. 특히 반도체 소자 발명에 관한 연구 결과가 이 잡지에 실리기는 국내 처음일 뿐만 아니라 세계적으로도 매우 드문 예다.[*]

포항공대 전자전기공학과 권오대 교수(52)가 양자물리학계의 정설인 드브로이(de Broglie)의 '물질파 가설'에 배치되는 '광파가설'을 제기, 전 세계 물리학계가 술렁이고 있다.

권 교수는 지난해 11월 '꿈의 기술'로 불리는 광컴퓨터와 광교환기 개발에 획기적 전기가 되는 마이크로 암페어(μA)급 반도체 레이저인 광양자테(PQR: Photonic Quantum Ring) 레이저를 세계 최초로 개발했다.

권 교수는 개발과정에서 광양자테 레이저에 나타나는 특이한 현상에서 놀라운 사실을 발견했다. 2차원의 원형 테두리에서 1차원의 광양자테가 자연 발생되는 차원 감소 현상이 처음으로 관측됐다.

… 권 교수의 연구 결과가 이 학술지에 게재되는 내년이면 또 한 번 이론 규명 논쟁이 불붙을 것으로 기대된다.[**]

우리나라 과학자가 노벨상을 받은 기존의 가설을 뒤집는 '광파가설'을 주장

---

* 서기선, 「전자신문」 1998. 12. 19.

** "'광양자테 레이저' 개발로 세계 물리학계 술렁," 「중앙일보」 1998. 12. 14.

해 관심이 집중되고 있습니다. 이 가설을 놓고 세계 물리학계의 논쟁이 뜨거워질 것으로 보입니다. 정미정 기잡니다.

포항공대 전자전기공학과 권오대 교수가 제기한 새로운 학설은 '광파가설' 물질의 기본 구성 단위인 전자의 파장을 전자가 아닌 빛의 파장 계산 공식으로 규명해 낼 수 있다는 것입니다.

이 같은 가설은 권 교수가 광컴퓨터 핵심 기술을 세계 최초로 개발하는 과정에서 세워졌습니다.

권 교수는 반도체에 전류를 흘리는 과정에서 동전의 면 형태로 나타나는 2차원 레이저 외에 동전의 테두리 형태로 자연 발생하는 1차원 레이저 테를 최초로 발견했습니다.

안녕하십니까. 저는 포항공대 권오대 교수님 지도하의 박사과정으로 있는 안JC이라고 합니다. 저는 삼성반도체의 산학 장학생으로 공부하였고, 이제 졸업하고 입사를 하려 합니다….

제가 이렇게 전무님께 글을 올리는 것은 제가 연구한 광소자의 중요성에 있습니다. 저희 연구실에서 세계 최초로 개발한 PQR(Photonic Quantum Ring) Laser는 지금까지 개발된 어느 광소자보다도 우수한 여러 특성, 즉 μA급 극소전류 동작, 온도 안정성, 다파장 출력 특성 등을 보유하고 있습니다.*

… 1~2년 정도 파견 근무로 좋은 결과를 얻는 노력을 약속한 졸업생의 희망은 삼성의 상황보다 긴급하지 못하였다. 20여 년이 지난 현재 그 독특한 광기술은 biophotonics/광유전학 분야에 비침습 brain blood 분석 진단 기술로 서광이 비칠 듯하여 최근 학회에 새로운 초청도 온다(AAAFM-UCLA, Aug. 16-20, 2021.).

---

* "'광파가설' 파장," MBC 〈과학이 보인다〉.

Noninvasive diagnoses by angle-resolved coherent tomographic infrared spectroscopy(ACTIRS) are presented, where 3-dimensional(3D) angle-resolved light cones(ARLCs) from photonic quantum ring(PQR) laser of whispering gallery mode(WGM) are employed. It is important that we analyze the return spectra optically, not photocurrent-converted as for conventional FNIRS, after the cortical, vascular or muscular diffuse brain paths, The unique angle-coherent multi-spectra will eventually lead to ionic or protein analysis associated with cranial tissue or arterial line before that is obtained only from uncomfortable brain MRI, CT or biopsy. ...

위의 2021 UCLA학회 이후 자주 해외 학회 초청, 학술단체들의 논문초청들이 온다. 특히 BMB로 구글에 치면 나오듯 생화학, 분자바이오 그리고 적외선 분광학 등에서 메일들이 가끔 오는데, 국내에는 극소수 뇌과학계 외에 이런 학문적 질문이 거의 없는 것이 딱한 현실이다.

당시 여러 언론의 주목을 받고, 어느 반도체 레이저 그룹의 출신들이 많은 부정적인 여론을 쏟아내기도 했던 기억이 새롭다. 더 진화한 실험 자료들이 보고되어 여러 국제학회에서 관심을 받았지만, 기초원리로 광파가설을 완벽하게 증명하는 이론물리학자는 아직 없다. 위와 같은 응용 기술이 확장되면서 이KH 같은 교수들이 출현하길 기대한다.

BK21에서 물리학과가 떨어져서 - 대학원생(1999. 9. 5.)

보드(Board)	Postechian
글쓴이(From)	yjkim(아망스)
날짜/시간(Date)	1999년 9월 5일 (일) 12시 49분 27초
제목(Title)	BK21-POSTECH 물리학과 문제점

물리학과 대학원생입니다. 이번 Bk21에서 물리학과가 떨어져서 저희 학과는 거의 초상집 분위기입니다.

그러나 이미 Bk21의 탈락은 물리학 분야에 두 학교만 선정한다는 소식을 접했을 때부터 예상했던 일입니다. 하나는 서울대를 줄 것이고 나머지 하나를 가지고 KAIST와 POSTECH이 싸울 것이라고 다들 예상했지요. 물론 결과는 이상하게 연대로 갔지만. 국내 평가에서 4위로 평가받고 국외 평가에서 연대 출신 2명의 선정 위원이 있어서 2위로 판정받은 연대가 발표 하루 전날 바뀐 국외 평가 우선 원칙에 의거 횡재를 했지만요.

문제는 이제 결과는 번복될 수 없다는 것입니다. 며칠 동안 물리학과의 수많은 분이 학과의 앞날이 걱정되어 잠도 못 이루고 있었을 것입니다. 과연 현재 POSTECH 물리학과의 문제가 무엇이기에 계속 수난을 당하고 있는가를 곰곰이 생각해 보았습니다.

우리가 이 시점에서 꼭 기억하고 해결해야 하는 몇 가지 중요한 사항은 다음과 같습니다.

첫째, 박사과정 학생의 부족

둘째, 신진 교수진의 연입 문제

셋째, 비현실적인 조교 장학금 → 과외 열풍 → 학생의 수준 하락

넷째, 노후화된 장비와 전산 환경

다섯째, 연구실의 비효율성 배치

여섯째, 가속기와 물리학과

일곱째, 나타난 문제점, 연구력 감퇴

긴 글 읽어 주신 것 감사드립니다.

포항공대 물리학과 박사 4년 차 김YJ

파우스트 그룹을 제안합니다(1999. 9.)

내용은 좀 다르지만, UNIST가 이 방향을 도입한 듯합니다. 앞에 카이스트의 러플린과 얘기한 핵심도 이것입니다. 우리의 꿈은 그대로 부동입니다.

가칭 PAUST(Pohang Advanced University of Science and Technology) 어떻습니까. 그냥 대학은 안 되겠고, 형용사가 더 필요한 우리 대학이라 생각합니다.

우리 학문의 힘이 더 빠지기 전에 나서야 한다 생각합니다. 본부에서는 재단기금을 더 늘이느라 수고 많을 겁니다. 그것도 필요합니다. 그러나 우리의 제2의 도약은 질적인 변화를 필요로 합니다. 포항 카이스트, 즉 가칭 PAUST를 추진해야 한다고 느낍니다.

이름이야 뭐가 되든 상관없는 일입니다. 이렇게 생각하시는 교수님들이 많으면 추진 그룹을 조직하여 전략을 짜고 일을 나누어서 조직적인 활동을 시작하는 겁니다. 우선 이KH 교수님 같은 분들이 모이시는 겁니다. 지금 시간이 많이 남아 있지 않습니다. 광주 카이스트가 생기는 과정도 몇 년이 걸린 일입니다. 물론 우리 경우는 이미 존재하는 대학이니 수월합니다. 그래도 행정 절차는 같은 시간이 걸린다고 봐야 할 겁니다.

우선 내년 총선 이전에 대통령이 대학 역사상 처음으로 포항공대 '반 국립화'를 공식화하는 일이 선행해야 할 겁니다.

이것은 영남 민심을 수습하는 선상에서 당장 자금이 없이도 할 수 있는 정치적인 플러스일 겁니다. 그래서 그쪽이 수용할 겁니다. 우리는 질적인 급전환을 할 수 있습니다. 우리의 봉급에 좀 손해가 있을 겁니다. 보상하는 방법은 충분히 있을 겁니다. 가속기 문제도 자동으로 해결됩니다. 요로에 시나리오를 잘 만들어서 설명하고 설득할 수 있습니다. 저도 여기에 도움을 줄 수 있는 채널을 몇 개 가지고 있습니다. 설립이사장께서 마음이 동하신다면 직접 대통령을 설득할 수도 있습니다. 그러나 우리도 주체성을 가지고 필요한 작업을 해야 할 겁니다. 입만 벌리면 되는 것이 요즘은 없지 않습니까? 입만 벌리는 사람의 입에는 항상 끝에는 안 좋은 것이 들어가더군요.

시간이 촉박하다고 저는 생각합니다. 정권의 말기에 시작하면 끝내기도 못 하고 중단될 가능성도 있습니다. 이 정권이 지나면 우리의 늙수그레한 꼴에 전혀 매력 포인트가 보이지 않을 겁니다.

자, 우리 모여서 함께 안을 짜 보지 않으시겠습니까?

이KH 교수께 힘을 실어 드립니다.

Subject	Re: 포항공대의 발전전략
Date	Sun, 12 Sep 1999 10:46:49 +0900
From	"O'Dae -"@postech.ac.kr
To	"Y.G.Kim"@postech.ac.kr
CC	KH L-@postech.ac.kr

김 박사님, 염려의 글을 잘 읽었습니다.

며칠 전 김 박사님께서는 국영화의 경우 봉급의 삭감을 거론하셨습니다.

오늘 말씀하시는바 포철의 면피용 명분을 준다는 말씀은 총장도 걱정하는 부분이고, 이것에 대해서는 다른 생각도 가능합니다. 즉, 포철이 지원 의지가 있을 경우에는 사실상 그 지원을 재촉하는 일면도 있습니다.

지원할 것이면 그리할 것이고, 못할 것이면 우리가 너무 그것에 매달리며 우리의 아까운 시간을 너무 잃어서는 안 될 것입니다.

이미 유 회장은 지난 스피치에서 우리의 일방적 포철 사랑에 대하여 자신의 유보적인 심정과 현실적인 이유를 암시하였습니다.

그러나 김 박사님도 걱정하시니 우리의 '파우스트' 논의는 금년에는 준비 기간 삼아 수면 아래서 계속하기로 하겠습니다. 몇 분이 관심들을 나타내는 것을 저는 그렇게 수용할 겁니다.

그러나 제가 이미 표현한 것처럼 때를 잃어서는 안 될 것입니다. 본부가 포철의 의지를 확인하는 것은 이미 작년 가을이었었고, 지금 대학 내 분위기가 뒤숭숭하여서 포철이 투자할 것을 하고 안 하고는 포철이 결정할 것이고, 본부가 빨리 매듭지어야지, 그것을 볼모로 우리 나름의 삶의 모색을 막을 변명이 될 수는 없습니다. 또 포철이 엉뚱한 이유로 발뺌한다고 차일피일하며 우리가 우리의 길을 그르칠 수는 없습니다.

우리는 스스로 서울대나 카이스트에 비하여 현저히 퇴보하고 있다는 것을 현실로 인식하고 있는 편입니다. 두어 달 전 우리의 아파트 앞 교통 대책 및 주거 환경 논란에서 젊은 교수들의 위기의식이 분출한 것은 김 박사님께서도 기억하실 겁니다. 김 박사님께서 그것에 동의하시는지의 여부는 개인 각자의 인식 여부라고 봅니다.

저는 이 문제가 우리 대학의 가장 주요한 인식 문제이며 이것에 우리는 항상 개방되고 깨어 있어야 한다고 생각하고 있으며, 무엇이 겁이 나서 우리가 깨어 있으면 안 된다는 논리는 바람직한 태도는 아니라 생각합니다. 감사합니다.

권오대 드림

제목(Title)	이KH 박사에게

매우 적절한 글을 써서 많은 사람에게 생각하도록 자극을 준 것 중요한 공헌이라고 생각합니다.

우리가 안고 있는 문제를 요약하자면 1. 우리가 우리 자신을 어떻게 생각하고 있느냐? 2. 남들이 우리를 어떻게 보고 있느냐?

만약 우리가 진정하게 제일이라고 생각하고, 그것이 사실인데, 남들이 몰라준다면 그것을 널리 알리는 방법을 강구해야 할 것이고 우리 자신이 남보다 못하다고 생각하고 있다면 (그리고 그것이 사실이라면) 그것을 고치기 위한 반성과 노력이 필요할 것입니다. …

전자과 반응, 푸대접
— 자대 대학원(2000. 1. 4.)

From	m-----@ns.naranet.co.kr
To	@postech.ac.kr

포항공대는 학부 입시 때만 학생들을 신경 쓴다.

외부 신문이나 뉴스 등 매스컴에 보도될 수능 점수나 경쟁률을 올리기 위해 해마다 대학 홍보에 많은 예산을 써가며 과고 학생들이라고 방문할라치면 학생 식당 메뉴가 바뀐다.

그러나 정작 입학한 후에는 어떤가. 교수님들은 아는 것, 가르쳐서 이해시키는 것이 다르다는 걸 모르시거나 아니면 귀찮으신 거 같다.

나 홀로 수업, 열강형이 있는가 하면 아무도 몰라 형, 시험 문제를 출제하여 자신의 우월함을 그런 식으로 과시하는 것 같다.

대학원… 대학원…

우리는 아니, 나는 희망을 안고 이곳에 왔다.

아직 굳어지지 않은 신선한 곳. 열심히 노력해 실력을 얻을 수 있는 곳으로 말이다.

그러나 교수들은 현학적이고 힘든 일과에 시험에 과제를 마쳐도 나는 갈수록 뒤쳐지고 미래마저 이 모양이다. 도대체가 사기당한 기분이 든단 말이다.

서울대 대학원 진학에 있어서 난점(2000. 1. 5.)

아래 일곱 줄 텍스트(text)에 대한 답변으로 올린다. 상실감에 말이 거칠었습니다. 타교 진학 학생과 타교 이직 교수가 비교될 수 있습니다.

그 이유? 이직 교수는 다시 노력해서 좋은 학자를 구하면 되는데(정착한 교수는 이직이 드물고, 이론 교수는 쉽게 이직하죠), 떠날 경우 교육을 잘 받은 학생은 추억을 묻고 교수는 성실한 석·박사 과정으로 좋은 논문을 쓸 제자가 떠나니 참 아깝고 함께 쏟은 땀은 후배들에게도 안타깝지요. 거친 표현 미안합니다!

학생	타교로 진학
글쓴이(From)	tom(여니)
날짜/시간(Date)	2000년 1월 5일 (수) 10시 53분 52초
제목(Title)	[RE:D-] 권오대 교수님의 글을 읽고

불과 한 달여 전 서울대나 카이스트 가시는 교수님들을 나쁘게 생각해선 안 된다는 권 교수님 글을 팀스에서 읽고 공감했던 기억이 있는데, 그런 교수님께서 카이스트로 진학한 몇 명의 학생들을 두고 "유곽(유성과학기술원)으로 튀었다."

'교수님 표현'이며 '우리 대학원의 꼴'(역시 교수님 표현)을 개탄하시다니요. 그것도 그 학생들에 대한 아주 강한 어조의 비난과 함께 말입니다.

글쓴이(From)	Hetfield (공익근무)
날짜/시간(Date)	2000년 1월 5일(수) 10시 53분 21초
제목(Title)	[RE:thin-] 타교 대학원 진학은.

서울 학교 대학원 가는 것보다 서울로 대학원 가기가 더 어렵나요??

과기원 가는 것도 울 학교 대학원 가는 거보다 더 어렵나?

선배님들께서 좀 알려 주시죠. …

서울로 가는 거는 서울대 말입니다(BK21이랑 관련 있나?).

글쓴이(From)	ijj(정IJ)
날짜/시간(Date)	2000년 1월 5일 (수) 10시 56분 30초
제목(Title)	[RE: Hetfield] 타교 대학원 진학은

비슷비슷하던데요. 우리 학교도 3.0 내외는 되어야 하잖아요. 다른 데도 그 정도만 넘으면 되는 거 같던데… 그렇다고 일반적이라고 말할 순 없지 만 말입니다.

글쓴이(From)	inhos(Mesa)
날짜/시간(Date)	2000년 1월 5일 (수) 11시 12분 01초
제목(Title)	[RE:Hetfield] 타교 대학원 진학은.
(From)	think(New Life) 2000. 1. 5.

서울대 대학원 진학에 대한 제 경험을 그대로 알려드립니다. 그러나 이 얘 기는 주된 화제를 벗어나므로, 질문하신 분의 의문이 풀리는 대로 이 글에 대한 얘기는 확산되지 않았으면 좋겠습니다.

대학원은 모집학과마다 큰 차이가 있으므로 다른 학과는 모르고, 저는 올해 서울대 대학원 기계공학부 특차의 경우에 한해서 알려드리겠습니다. 글의 공정성과 정확성을 위해서 제 졸업 평점을 공개하자면, 3.6/4.3입니다(9학기 마친 올여름의 졸업 평점). 그리고 이번 포항공대 대학원 기계공학과의 특차 커트라인은 3.2/4.3 정도라고 들었습니다(자대생 성적 기준). 반면에 서울대 대학원 기계공학부 특차 커트라인은 확실치 않지만, 서울대 자대생 성적으로 3.55/4.3 정도였습니다. 직접 서울대 출신 학생에게 물어본 결과 작년에도 자대생 성적이 3.5/4.3이 안 되면 특차에서 다 떨어졌다고 했습니다(저에게 대답해준 그 학생이 떨어졌다고 했으니 맞는 얘기겠지요).

여기까지 읽으시고, 서울대 대학원 수준이 포항공대 대학원보다 월등하여 이런 차이가 온다고 생각하시면 안 됩니다. 서울대 대학원이 높은 커트라인을 가질 수밖에 없는 것은 '경쟁률' 때문입니다.

한마디로 지원자가 많다는 겁니다. …

하여간 개인적인 느낌으로는 서울대나 과기원이나 포항공대 대학원이나 그 연구 시설, 조건에서는 비슷한 수준이라고 느낍니다만, 서울대는 그 '이름값' 때문에 확실히 치열한 입시였다고 올해 뼈저리게 느꼈습니다. 참고가 되셨기를 바랍니다.

p. s.

위에서도 말씀드렸지만, 올해의 기계공학부 특차 얘기입니다. 저도 서울대 대학원 진학이 상당히 수월하다, 3.0만 넘으면 된다 등등의 얘기를 포항에 있을 때 가끔 듣고는 했지만, 다른 학과의 얘기들이었습니다.

Re: 희미한 옛사랑의 그림자
— [별바0001] 박동수(2000. 1. 4.)

포항공대신문: 요약하면 창간호 발행을 주도한 김원중 주간이 지령 100호를 넘기기까지 장기간 성장기였다. 그러다가 1997년 5월 신문사 사태가 발생, 신문 발행이 3개월간 중단되었다. 위에 요약한 대로 장기간의 혼란기가 있었다. 그 후 우여곡절 끝에 1998년 9월 3대 정성기 총장 취임 후 내가 주간을 맡게 되었다. 그 후 다른 우여곡절 끝에 사퇴하려던 기간이 연기되다가 고정휴 주간이 1999년 7월부터 맡았다.

「포항공대신문」 주간을 하던 기간 전자계산학과생 박동수 편집장 팀과 신문을 발행하였다.

Date	Tue, 4 Jan 2000
From	Bak D S(ad----@snow.postech.ac.kr)
To	@postech.ac.kr

교수님, 안녕하세요. 오랜만입니다.

저는 방학을 맞아 서울 집에 돌아와 있습니다. 어제부터 아르바이트 자리를 얻어서 일하고 있지요. 앨릭스(Allix)라는 벤처 기업입니다. 안철수 바

이러스연구소, 나모인터랙티브 등 6개 회사가 모여 만든 합자 회사죠. 물론 아직 졸업하지 않았으니 3월에 개강하면 다시 학교로 돌아갈 겁니다. 교수님의 별바 시리즈는 언제나 감명 깊게 읽고 있습니다. 그중에서도 이번 것은 가장 뜨겁게 가슴에 와닿는 내용이군요.

요즘 학생들(저를 포함해서), 1987년에 패기에 가득 찬 노래를 부르며 꿈을 찾던 교수님들, 선배님들에 비하면 거의 아무 생각 없이 삽니다. '뛰는 세대'이지만, 진지함은 실종되고 생각 없이 '뛰기만' 하죠. 박사과정 올라가서 학문에 대한 열정을 쏟아보겠다는 생각보다는 어떻게든 병역 의무나 해결하고 편하게 살겠다는 생각이 앞서죠. 과기원의 연구 질에 상관없이 병역 의무만 해결된다면 얼씨구나 하고 달려갈 겁니다. 그러고서 대충 졸업하고 돈 벌러(!) 사회로 나가죠.

올해 대기업 전문연구요원 병역 특례 정원(T.O.)이 줄어들어서 적잖은 수의 학생의 진로가 갑자기 불투명해졌다죠. 이런 식으로 계속되면 석사과정 진학하는 학생 수도 급격히 감소할 것 같네요. 진학에 따른 메리트가 감소하니까요.

저 자신도 진학을 포기하고 사회로 나갈 생각이지만, 요즘 학생들 풍토에 불만이 생기는 것은 어쩔 수 없네요. 말씀하신 대로 정말 정부는 무슨 생각을 하는지 모르겠습니다.

그럼 교수님, 추운 겨울 몸조심 하시구요. 가끔씩 메일 드리겠습니다. 안녕히 계세요.

총장님께⋯ - 유학 중인 학생 편지(2000. 2. 28.)

Board	Postechian
글쓴이(From)	정IH 2000년 2월 28일 (월)
Title	총장님께⋯

저는 멀리 외국에 나와서 공부하고 있는 졸업생입니다.

요즘 가끔씩 포스비에 들어와서 학교 소식을 듣다 보면 학교 운영이 뭔가 잘못되어 가는구나 하는 생각이 들 때가 많습니다.

직원들과 대학 운영진 간의 마찰(지금은 어떻게 해결되었는지 모르겠지만⋯),

학생과 직원 간의 마찰,

화재 사건의 방치.

우리는 새로운 총장님이 선출되었을 때 새로운 도약을 할 수 있으리라 기대했었죠.

다른 사람은 몰라도 저는 당시 총장님이 선출되면서 뭔가 젊은 새로운 바람이 불 것이라 생각했습니다. 처음 선출되시면서 과감한 개혁을 위해서 총장님 자신의 정교수 자리까지 버리셨던 것으로 압니다.

그러나 지금의 운영을 보면, 그러한 개혁의 의지가 어디로 갔는지 모르겠습니다.

총장님께서 일을 시작하신 지도 2년이 되신 것 같은데, 새롭게 변화한 흔적을 별로 찾아볼 수 없습니다.

… 2020년에는 어떤 대학을,

그리고 그 후에는…

졸업생 정IH 올림

(I.D.가 없어서 팀스에 올리지 못하고 포스비에 올립니다.)

Subject: 권오대 교수님께 — 이HS(2000. 3. 16.)

From	이H(bej---@dicer.org)
To	@postech.ac.kr

저는 선생님의 얼굴을 알지 못합니다.

다만… 학교 밖에 있을 때도 가끔 포스비에 뜬 선생님 글을 읽었을 뿐입니다(직접 TIMS에서 글을 읽게 되니 느낌이 남다르네요…).

안녕하세요. 저는 포항공대 화공과 91학번 이HS입니다.

91학번이면… 이제 포스텍 안에서는 되레 나이 먹은 축에 속하더군요(사회생활 몇 년 만에 다시 포스텍으로 돌아온 게 입학 10년째라는 게 저로서도 기분이 묘하답니다).

엊그제 제가 속한 정보센터 식구들과 회식하는 자리에서 선배 하나가 그런 말을 했습니다. 요즘 교사들이 학생들에게 집단 구타를 당하기도 한다고 합니다.

"선생님이라고 생각하지 않는 거군요." 교사인 친구들을 여럿 가지고 있는 저로서는 더 이상 할 말이 없었습니다.

저는… 언젠가부터 교수님을 선생님이란 호칭으로 바꾸었습니다. 정확하게는 기억이 나질 않지만… 아마도 석사를 졸업할 무렵이거나 아니면 졸업한 직후였던 것 같습니다.

대학원 시절 가끔은 '인간적인 배신감'을 느끼게 하셨던 분이었지만⋯ (도대체 학생이 교수에게 그런 느낌을 가질 수가 있느냐고 말씀하지 마세요. 교수님께서 솔직하신 것처럼 저도 교수님께 솔직히 말씀드리는 거니까요).

졸업 혹은 이별이라는 게 저로 하여금⋯

사건의 표면이 아니라, 당시에는 도대체 어디에 숨어있는지 의아하기만 했던 '진의'에 대해서 눈을 넓힐 여유를 준 듯합니다.

선생님이란 호칭은 적어도 그 '진의'에 대해서는 교수님께서 말씀하신 것처럼 어떤 '인정'이 필요한 거라고 생각합니다(초등학교 5, 6학년 때 선생님을 말씀하실 때 두 호칭이 정확히 같은 의미라고는 생각지 않습니다). 더군다나 그 인정이 '상호작용'으로 이루어짐은 당연한 거구요.

용서하세요.

왜 선생님께 답장을 하려고 했는지 잘 모르겠습니다.

저는 아직 누구의 선생님인 경우보다 다른 분들을 '선생님'으로 모시는 경우가 많아서 교수님의 그 신랄한 '군사부일체'에 손을 휘휘 젓고만 싶어지는군요.

건강하십시오.

저희에게 오래도록 좋은 선생님이 되어주십시오.

환경연구정보센터 DICER 이HS

제 중학교 3학년 때 담임선생님은 우리 반 누가 몇 반의 누구를 좋아한다는 등의 수다를 함께 나눌 수 있는 그런 분이셨습니다.

수업이 끝나면 책가방 내팽개치고 놀러 가기 바쁜, 1등은커녕 2등도 한번 해본 적이 없는 저에게 "우리 반에서 서울대에 갈 사람은 너다"라고 바람을 넣어주셨죠. :)

(그럼에도 불구하고) 3학년 내내 한 번도 1등을 한 적은 없었지만… 한 번도 "난 안돼"라고 생각한 적도 없었습니다.

Subject	Re: '권오대 교수님께'의 답장[Fri, 17 Mar 2000]
From	O'Dae Kwon@postech.ac.kr
To	"이HS"(bej---@dicer.org)

1991 졸업생 이HS 씨, 이메일을 보내줘 고마워요. 늦게 보았네요. 사실 오늘 어떤 다른 과의 동료 교수가 나에게 그런 하소연을 하여 글을 쓰기로 하였지요.

물론 1991년생의 지적대로 그 ㅎ의 마음속에 그만의 '선생님'이 따로 있을 수 있어요. 91년생의 '선생님'처럼.

그러나 ㅎ에게 '선생님'이 되지 못하는(?) 교수라고 함부로 하는 것은 이해할 만한 것이 아니지요.

내가 아는 그 동료 교수는 매우 열심히 연구하기로 알려져 있는 대학에서 열 손가락 안에 들 학자이지요. 물론 나와 같은 학과가 아니어서 진면목을 모를 수가 있어요. 그가 정말 특별하게 철저히 이용되었을지도 몰라요. 그렇지 않다고 나는 믿지만, 그는 포닥 나가면서 절대로 도움을 받지 않는 결연함이 있었어야 나중의 행위가 납득되는 겁니다. 그리고 그 연구실의 후배들을 생각한다면 경솔하게 행동할 일도 아니라고 봅니다.

여하튼 나는 그렇게 유능한 교수의 연구실에서 이런 일이 발생한다는 것, 그렇게 높은 긍지를 가진 교수가 학과도 다른 나에게 그런 얘기를 실토하는 것. … 이런 것들이 우리 대학에 전혀 바람직하지 않은 것이라는 걱정에서 경종을 울려본 것입니다.

안 그래도 가끔 미풍만 건듯 불어도 기우뚱거리는 우리 대학이잖아요. 합심해서 나가는 대학이어야 하는데 자주 실망스러운 일들이 본부에서 생기고, 학과에서 생기고, 학생들도 떠들고… 등등 쉬지 않고 생겨서 속이 상하는군요.

아무튼 격의 없는 글을 보내주어 귀하게 읽었습니다. 모교를 사랑하는 마음이 느껴져 흐뭇하였습니다.

권오대

To: 최BK(B. K. Choi) SRAM 공정팀

Subject	Re: 안녕?[24 Mar 2000]
From	O'Dae Kwon @postech.ac.kr⟩
To	최BK(B K Choi) SRAM 공정팀 ⟨boc--@hmec.co.kr⟩

최 박사,

그래요 오랜만이네요. 일상의 재미가 괜찮아요?

부인은 이제 서울로 합류했나요?

작년 초 포철에서 잠깐 만났었는데.

오늘 이SH 박사가 전화를 해서 대화했지요.

한국에서는 모처럼 좋은 사업을 시작하는 듯하군요.

다음 주 여길 한번 들릴 모양이요.

다음에 포항 오면 회사 재미도 좀 알리고 가시오.

권오대

오랜만에 연락드립니다. 교수님의 소식은 가끔씩 포항 가서 듣고 있었습니다. 제가 게을러서 자주 찾아뵙지는 못하였습니다. 죄송합니다. 저는 아직 현대전자에 근무하고 있습니다. 지금은 SRAM 공정팀에서 포토 관련

일을 하고 있습니다. 다름 아니고, 얼마 전 현대전자(구 엘지반도체)를 퇴사하신 분이 광전자 관련 벤처를 차리셨습니다. 이SH 박사이고, 회사 이름은 Optoway라고 합니다. 사무실은 현재 임시로 청주에 있구요. 지금 공장 부지를 물색 중이랍니다. 이 박사가 사람이 필요하다고 하며, 구체적으로 권 교수님 랩 출신을 원하고 있습니다. 제 생각에는 교수님 랩 졸업생을 접촉하기 전에 교수님을 만나 뵙는 게 순서일 것 같아서 이 박사에게 교수님 연락처를 알려주려고 합니다. 요즘 너도나도 벤처 한다고 귀찮게 하는 사람들이 많아 바쁘시겠지만, 한번 만나 보시는 게 어떠시겠습니까. 제가 보는 이 박사는 상당히 진지한 사람입니다. 그럼, 연락 기다리겠습니다.

(B. K. Choi) SRAM 공정팀

나노기술집적센터의 유치

　우리 대학에 있어서 나노기술집적센터의 유치는 의미가 컸다. 나노기술집적센터는 2009년까지 총 1,800억 원이 투자되는 사업으로 1994년에 완공된 방사광 가속기 이후 이러한 규모의 대형 과제를 지원받는 것은 처음 있는 일이다. 최첨단을 달리는 나노기술의 발전을 위해서는 고가의 일관 장비와 기술이 필수다. 이러한 특성을 가진 나노기술의 발전을 위해 연구에 필요한 장비와 인력을 모아 나노기술집적센터를 연구·개발·산업체 지원을 한곳에서 할 수 있는 나노기술 연구의 허브로 만들 계획이다.

　나노기술집적센터는 공동연구나 학제 간 연구가 활발하게 이루어지지 않고 있는 우리 대학의 연구 문화를 변화시킬 계기가 될 것이라 기대한다. 우리 대학이 연구 중심 대학을 표방하고 있지만 실제로는 공동의 연구가 지양되고 연구자 개인의 업적을 중심으로 한 연구가 많이 이루어진다. 연구 장비 또한 개인이 자기의 목표를 설정하고 연구비를 확보하여 장비를 구입하는 경우가 잦다. 공동의 목표를 설정하고 공동으로 사용할 것이다.

　또한 나노기술 연구에는 학제 간 연구가 필수적이다. 나노기술의 발전은 학제 간 연구에서 이루어졌다. 1981년 IBM 연구소에서 개발된 주사형 터널링 현미경은 원자 단위의 크기를 관찰할 수 있는 길을 열었으며, 이를 이용해 원자 혹은 분자로 제어하고 조립하는 나노기술이 발전하게 되었다. 이렇게 시작된 나노기술은 소재, 소자, 생명공학과 결합해 여러 분야로 발전하고 있다.

또한 나노기술집적센터는 연구뿐만이 아니라 교육의 변화를 예고한다. 나노기술집적센터는 연구뿐만이 아니라 학생들을 대상으로 한 실험과 실습에도 쓰일 수 있다. 신소재공학과 박찬경 교수는 "대학에서는 나노기술집적센터를 이용한 교육 프로그램을 구상하고 있으며 이 시설을 이용해 교내뿐만이 아니라 일반인들의 과학에 대한 이해를 높이는 홍보 효과를 노리고 있다"고 말했다.

전자과 권오대 교수는 "대학에서 연구된 기술을 직접 산업에 적용하는 벤처 열풍 속에서도 우리 대학은 그 열기가 뜨겁지 않았다며 상대적으로 과학기술 발전의 목적이라 할 수 있는 산업화를 경시했던 측면이 있었다"고 말했다. 나노기술집적센터는 산업과 직결되는 기술의 연구와 대규모의 투자로 인한 첨단 연구 시설을 제공해줌으로써 우리 대학에 재충전 · 재도약의 기회를 잡을 수 있는 발판이 될 것으로 기대된다.

대규모의 나노기술집적센터의 유치 소식은 전자전기공학과 정YH 교수가 장기간 서울 산자부 등지를 오가며 추진한 사업으로, 2000년대 나노 반도체 기술을 종합적으로 견인할 거대 기관차가 될 것이다. 그런데 이 사업은 수년 후 외부에서 김YM 총장이 부임하며 혹한기를 맞아 침강하고, 거대 연구비는 엉뚱하게 급히 조립된 조직으로 빠지고, 정 교수는 작은 말썽으로 빌미가 잡혀 무참히 공격을 받고 쓰러진다. 이 대학은 무엇이 크고 작은지 안 보이는 임자 없는 나룻배.

앞에 보았던 대학원 특성화 사업을 좌지우지한 것처럼 일개 독락(獨樂)군의 난장판 댄스장이 된 것인가? 사실 크고 작은 일들이 가끔 발생하고 사라졌고 들리지 않는 울음들은 귀신의 곡이었다.

신임 총장은 외부에서 투명하게 초빙해야*

　　작년 여름, 대학은 새 총장의 선임을 기다렸었다. 대학의 재도약을 염원하던 교수들은 배신의 가을만을 낙엽처럼 맞았다. 겨울은 갔으나 교수들의 마음은 아직 얼음이다. 다시 맞은 이 계절은 여름이지만, 대학인의 마음에 여름이 다시 찾아온 것은 아니다. 저기 시계탑의 바늘은 돌아가지만 대학인의 시곗바늘은 멈춰있다.

　　이제 재단은 새 총장 선임을 6월까지 결정, 9월 신학기에는 신임 총장이 집무하도록 준비한다는 계획을 대학 본부를 통하여 교수들에게 전달하였다. 찾는 방법은 명시되지 않았다. 일단 외부 총장을 찾을 것이라고 한다. 1년을 허비한 재단이 한 달 만에 찾는다는 것이다. '일단'은 '반드시'와 같지 않다. 한 달 후 대학인의 시곗바늘은 어느 시각에 맞춰질 것인지, 어떻게 움직일 것인지 아직 분명하지 않다. 오래 기다린 만큼 그 결과에 대한 기쁨이 배가 될 것인가? 그래서 우리 대학은 약 10년의 고진감래, 재도약의 꿈을 실현할 것인가? 아니면 장고 끝에 나온 것이 다시 악수일 것인가?

　　지금 우리 대학은 상처뿐인 영광, 낭랑 17세 사춘기 가출 대학이다. '이공계 기피'의 사회에서 우리 학생들은 더러 3층 빌라에서 보따리를 싸

---

* 「포항공대신문」 2003. 5. 28. 기고문.

고 서울로 가출한다. 천 리 길 '참새 아빠' 또는 수만 리 길 '기러기 아빠' 교수들도 가출한다. 가족 단위 가출 또는 고층 합숙소에 독신 귀양으로 역가출 당한다. 교수들은 논문에 눈을 맞추고 연구비 마련에 혈안인데 학생들은 교육에 불만이다. 재단기금이 수천억 원이고 500억 원짜리 도서관이 새로 솟았는데, 학생들은 식비 인상에 불만이고 교수들은 왜 재단전입금이 붙지 않는지에 불안하다. 이 오리발 대학 가족들은 서로 코드가 전혀 맞지 않는다. 그만큼 대학은 위기다.

오늘 우리의 자화상 아닌가? 지난 8년의 '고생과 기대와 허탈'에 지친 교수들은 생각하였다. 75%의 교수들이 평의회 설문에 응답한바, 이제는 '반드시 외부 총장'이라는 모험적 승부수를 던져야 한다고 결론지었다. 교수들은 이제 힘들어하는 포스코의 부담을 줄여주는 대신 밖으로 재도약할 능력을 갖춘 '외부 총장의 초빙'이라는 대안을 관철해 보자는 것이었다. 외부로의 재도약이 쉽지는 않다. 그래도 포스코가 건재한 동안 우리 대학은 필경 가야 할 길을 힘차게 내디뎌야 한다. 대학의 위기가 기회일 수 있는 가능성은 바로 이것이다.

그러나 작년 여름 대학은 외부 총장을 초빙하지 못하였다. 이제 어떻게 해야 외부에서 훌륭한 새 총장을 급하게 잘 뽑을 것인가?

우선 모든 주요 과정이 투명해야 함이 철칙이다. 우선 교수들의 총장추천위원회(총추위)부터 절대로 투명해야 한다. 교수들에게까지 한 일을 보고하지 않고 비밀에 부친다는 발상은 도대체 아무런 설득력이 없다. 총추위는 재단과의 수차례 회동 결과들에 불만이 많다고 했다. 필요하다면 그런 사실까지도 명백히 교수들에게 알려야 한다. 총추위가 엉뚱하게 함구로 일관하기 때문에 일부 교수들까지 오히려 총추위를 심하게 비난한다는 걸 직시해야 한다. 일례로 재단 이사장은 지난 가을 왜 S 씨를 선임하지 못하였는지 교수들에게 분명히 설명하였다. 그런데도 총추위는 이에 대해 설만 무성하지 공식적 설명 한마디도 없다. 그럼 교수들은 누구를 의심하겠는가?

교수들은 재단을 더욱 의심하는 것을 재단 스스로 잘 알 것이다. 왜 1년 전에 변형윤 총선위원장의 갑작스러운 사퇴가 발생하였는지, 왜 총장부터 선임해야 할 재단은 오히려 본부보직자 임명권만 거두어갔는지 재단은 교수들을 시원하게 설득하지 못하였다. 그 선임 지연 이후 발생한 일련의 지난 가을 학기 사건들을 잊을 수 없을 것이다. 이상과 같은 내홍이 재연되지 않고 재단이 교수들의 불신을 사지 않으려면, 재단 이사들 위주로 구성된 총장선임위원회(총선위)도 당연히 교수들에게 투명해야 한다. 이 나라에, 아니 이 세상에 우리 대학같이 후보 이름까지 감추고 비밀스레 총장을 정해버리는 대학이 있는가? 없다. 그런 밀실 행정으로 대학이 잘 되지도 않았고 오히려 대학을 망치는 화근이 되었다. 우리가 본뜬 총장 추천제를 시행하는 미국도 그렇지 않다. 비밀을 요하는 후보는 불이익을 받는다. 우리도 그래야 한다.

포항공대 총장 후보가 되는 것 자체를 명예로 여길 수 없어 쉬쉬하는 자들은 후보로 선정할 필요가 없거나 우선순위를 낮추어야 한다. 꼭 비밀을 요하는 후보는 혹시 선임된 후 공개되었을 때 이미 공개적으로 거론된 후보들에 비하여 불이익을 감수해야 한다. 즉, 공개 후보들을 제치고 비밀 후보들이 갑자기 부상했을 경우 대학 구성원들의 흔쾌한 동의를 얻지 못하면 부임할 필요도 없이 용퇴한다는 불이익 정도는 분명히 있어야겠다.

그리고 교수들은 반드시 3~5명쯤의 최종 후보들을 검증해야 한다. 시간 단축과 효율성을 위하여 그들을 대통령 선거처럼 동시 초청하여 그들의 비전을 비교하는 것도 고려할만한 방법이다. 이러한 초청 토론 또는 강연회들은 대학 구성원들의 큰 관심을 불러일으킬 것이고, 바로 이것이 대학의 실추된 사기를 회복하는 지름길이 되기도 할 것임을 인식해야겠다. 그러한 선임 과정의 상당 부분을 대학 구성원들에게 돌려주는 만큼 대학은 응집력을 발휘하게 될 것이다. 각 구성원들은 총장 선임 과정에 스스로 참여하였다는 긍지와 책임감을 갖게 된다. 그렇게 대학의 정신적 시계탑은 재깍재깍 다시 움직이기 시작할 것이다. 너무 오래 멈춘 우리 마음의 시계가 더 이상은 멈출 수 없다는 이 위기감을 어서 해소하여야 한다.

제자들의 소리 없는 함성

아래처럼 우리 총장을 찾는 사람들이 5월 23일에 모이겠습니다.

> **[포스텍 포럼]**
> 제목: 21세기 대학과 사회
> 일시: 5월 23일 오후 3:30
> 장소 정보통신연구소 중강당
> 연사: 임길진 교수(미시간 주립대)

교수님, 제 모교가 지금 어려운 상황이라는 것도 저는 모르고 있었네요. 하지만 제 생각은 교수님의 잘못이 아니라고 봅니다. 세상은 끊임없이 모두에게 건강한 고난을 주지 않겠습니까. 교수님 다 잘될 겁니다. 힘내십시오.

회사에서 얼마 전 상무님과 단독 면담을 해야 했습니다. 그때 상무님께서 "자네 어느 학교 나왔나?"라는 질문을 하였을 때 저는 너무나 당당해질 수 있었습니다. 모교에 대해서 자랑스러웠기 때문이죠. 더 좋은 상황으로 가기 위해 세상이 잠시 힘들게 하는 것이라고 생각됩니다.

교수님 이럴 때일수록 건강하십시오. 그리고 보이지 않는 곳에서 열심히 사는 저희들이 힘이 되어 드리겠습니다.

총장을 찾는 사람들이 함께 뜻을 모아 모이겠습니다.

과연 우리가 탐낼 새 총장감인지 들어보겠습니다.

또 무엇이든 필요한 것들을 물어보겠습니다.

아, 너무도 아까운 별이여*

임길진은 서울대학교 공과대학(건축공학 학사/1969, 석사/1973), 하버드 대학교(도시계획학 석사/1975)와 프린스턴대학교(도시 및 지역계획학 박사/1978)에서 수학하였다.

1946년 11월 10일에 한국에서 태어난 그는 미시간주립대학교 석좌교수 겸 지리학과, 도시계획학과 및 토목 및 환경공학과 교수 인간적 세계화(Humanistic Globalization) 연구회장(www.ssc.msu.edu/~pohg), KDI 국제정책대학원(KDI School of Public Policy and Management) 석좌교수, 개발연구협의체 이사장(www.cods-global.org), 주거복지연대 이사장 (www.home1004.or.kr) 등을 역임했다.**

임길진 교수는 미국과 한국 양쪽에서 학장, 대학원장 봉사 경험을 가졌다. 흔한 인물이 아니라 화끈한 인물이었다. 경기고 출신임에도 경기 티를 보이지 않던 진정 걸출한 인물이었다. 아마도 유일하게 문무를 겸비했던 인물이다.

왜냐고? 고교 시절 역도인들의 벗기 대회에서 '미스터 경기'에 뽑히는 등 우람한 육체미를 자랑했다. 서울공대 시절 역도실에서 그를 처음 봤을

---

* 필자의 고 임길진 교수에 대한 추모글.
** 임길진 추모집 『크게 넓게 내다보고』 중에서. https://kfem.or.kr/?p=18597.

이 사진은 나 대신 그가 서 있어야 할 자리인데,
청와대 추억을 얘기할 자리인데, 너무나 안타깝다.

때도 그는 나와는 아주 대조적이었다. 웃어도 좋다. 그는 독신이면서 주위의 한인들을, 학생들을 초대하기도 했다.

우리 대학 총장들 몇 사람이 경기 출신이다. 이런 고인 물보다는 소위 K인맥이 자진해서 양보하면서 비 경기 출신 유능한 인물을 추천하는 전통을 만들어보자. 내가 나중 고초를 겪었던 경우도 K인맥이 포위했었다.

그는 아널드 슈워제네거, 실베스터 스탤론 같은 정의의 사나이이기도 했다. 관련된 일화들은 경기고 동기들 사이에 널리 알려져 있고, ROTC로 임관하여 청와대 근무 시절 그의 의협심이 다시 발동하여 사고를 침으로써 "당연한 중위 진급을 하지 못한 채 소위로 전역"하고 만다. 그러나 가장 훌륭한 초급장교였다.

임길진 교수의 총장 초빙은 내부적인 장벽에 부딪히고 말았다. 임 교수도 무척 아쉬워했다. 그 후 임 교수는 다시 포항에 나타나지 못하였다. 그리고 비운의 별이 되고 말았다.

임길진 교수! 그를 수용하지 못한 포항공대가 이제 비운의 길을 걷는지 모를 일이다. 혹 그가 총장으로 부임했다면, 미국 캠퍼스에서 갑자기 만난 교통사고가 없었을 텐데… 무척 안타까운 일이 되었다. 아, 너무도 아까운 별이여!

새 총장 선임 반대 성명서
— 암컷 개(犬)는 부활할 것인가

그제는 우연히 식당 TV에서 바로 우리 모습 같은 개를 보았다. 그 개는 죽은 암컷 개를 떠나지 않고 있었다. 차들이 질주하는 어느 길 구석에서…. 아마 그 어느 차에 치여 숨져간 암컷 개가 누운 곳을 떠나지 않고 옆에 누워 지키고 있었다. 그는 분명 암컷 개의 부활을 믿는 기독교 개인 듯이 그러고 있었다.

졸다가도 그 누구든 다가가면 이빨을 드러내고 으르렁거리거나 공격의 눈빛을 쏘아댄다. 하루, 이틀, 일주일이 넘도록 떠날 줄을 모른다. 이웃 아주머니가 개의 순애보에 눈물을 글썽거리며 밥을 갖다주어도 그냥 그 자세다. "건드리지도 못하게 하니 죽은 개를 치울 수도 없어요. 저러다가 지도 죽을 거 같네요." 아주머니는 옷가지로 암컷 개를 덮어 주었다.

꼼짝도 하지 않고 옆을 지키는 개는 시체에 꾀는 날파리들을 이리저리 쫓는다. 그리고 암컷 개 목덜미를 핥는다. 냄새라면 개코인데 썩는 시체를 핥는 개는 아마 열반에 든 모양이다.

열흘이 넘도록 그러는 걸 보다 못한 남정들이 모였다. 판때기로 관을 짰다. 사슬을 목에 걸고는 아주머니에게 꼭 잡도록 하고 암컷 개의 사체를 담았다. 날뛰던 개는 관에 붙어 속을 내려다보며 아마 울고 있었다. 그것이 마지막

이별인 것을 아는 듯 말없이 내려다보는 그 눈빛이.

관을 덮고 흙을 한 삽 두 삽 덮는 것을 개는 옆에서 오래오래 부동자세로 지켜보고 있었다. 암컷 개의 사체는 비명에 횡사하여 사라지는 우리 젊은 날의 푸른 꿈.

대학평가 — 연구 실적의 변동

뒤의 부록에서 언급된 바와 같이 1998년 아시아 대학 중 제1위 포항공대는 도쿄대, 도호쿠대, 교도대, 홍콩대보다도 점수가 높았다. 2000년대 이후 QS, 영국의 글로벌 대학 평가기관인 THE(Times Higher Education) 등의 세계 대학평가 관련, 산업공학과 서EH 교수가 주목하며 관리를 해왔음을 대학 동료들이 잘 안다.

대학 사회 조직 기능의 유효기간이라는 시간, 즉 대학 연구 총량이 최고점에 도달 후 그 역량은 일정 기간 지속력이 있다.

예컨대 포항공대 연구실 전체의 연구 총량이 2005년에 최고점을 찍었다면 2010년까지는 연구논문 실적이 상승한다. QS 대학평가는 2010년경 세계 대학 순위에서 포항공대가 28위까지 오르며 국내 1위급이었다(앞의 글 4장 "카이스트 13대 서남표 총장(1) — 러플린 전임 총장 이야기" 참조).

한편, 2010년대 이후 4년간씩 외부에서 총장을 두 번 영입하였다. 첫 4년 임기의 총장은 대학 재단 주도로 영입했는데 대학 발전과 맞지 않았고, 교수들과 소통하지 못하고, 전기 전자 계열이면서도 그 계열의 신임 교수 영입을 차단, 나노집적 연구센터 중심을 교체하고 자기 목표 위주로 대학을 좌지우지했다. 재단 신임으로만 재임하려던 의도가 드러나 다수의 교수가 반발하며 재임에 실패하였다.

다음 4년의 후임 총장은 스트레스가 쌓인 대학 전반을 혁신하는 노력을 기울였지만 재임하지는 못하였다. 이 기간 은퇴한 필자는 여러 정황을 알고 있지만 세부 사항의 기술은 생략한다.

대학평가의 본론으로 돌아가자. 2010년 후 포항공대의 순위는 하향곡선이 되었다. 가장 최근 2022년 실적표이다(QS와 THE 평가의 상이한 정도는 무시한다).

THE(Times Higher Education)가 발표한 "2022 THE 아시아 대학 순위"에서 아시아 50위권에 들어간 국내 대학은 10곳이었다. 서울대가 아시아 8위, KAIST 14위, 성균관대가 18위를, 그 뒤를 UNIST 20위, 연세대 서울캠퍼스 21위, POSTECH는 23위, 고려대 27위, 경희대 31위 그리고 한양대 47위 순이었다(「매일경제신문」 2022/06/22, 김제림 기자).

이상에서 포항공대(POSTECH)의 하향화 상태가 확인된다. 98년 아시아 top은 옛날의 영광, 2010년 피크도 사라졌다. 희망도 사라졌는가? 그것은 아니다. 하향과 상향은 상존한다. 포항공대의 여건은 나쁘지 않다. 교수들이 분발하면 상향곡선으로 돌아갈 것이다. 분발은 쉽지 않지만…. 대학 초창기 부임한 교수들은 50% 이상 빠졌다. 그만큼 젊은 피들이 싱싱할 것이라는 희망을 건다.

위에서 포항공대 밖으로 시선을 돌려보자. 국내 대학 10곳 중 지/사/대는 포항공대 외에 없다. 이것이 현실이다. 뒤에서 전망하고 둘러보는 현실처럼 "거점 지/사/대"로의 가는 길은 어렵다.

"거점 지/사/대" 선진화는 우리에게 놓인 긴급 사안이다. 부록처럼 성공의 길을 반드시 가야 한다. 10대 선진국 진입 대한민국의 백년지대계! 미국의 명문사립대학처럼 거듭나야 한다.

교수(평의회) — 재단 간의 대화(핵심)

근간 대학 현안을 알리는 일도 이제 막바지에 접어드는 느낌이다.

9월 16일 보직자 임면권의 재단을 회수하고, 10월 14일 총장직무대행에 대해 해임을 요구하였다.

재단이 총장 박CM을 일방 임명한 사건 발생 관련 글들

교수들의 대학사랑은 온몸으로 하는 것이다.
교수(평의회) — 재단 간의 대화채널 요구, 대화 증진을 피차 공감.
투명성을 요구하였다.

등록자	김동한 (화학과)
등록일	2003년 7월 19일
연락처	279-XXXX

존경하는 유 OO 이사장님,

… 지난 수년간 대학은 상대적으로 경쟁력을 잃고, 상당수의 교수가 비전과 자신감을 잃고 환멸을 느낀 나머지 타 대학으로 자리를 옮겼습니다(App: 생명과[고규영, 카이스트/ 이재운, 미 베일러 의대], 재료과[손병혁, 서울대], 수학과[김범식, 고등과학원], 기계과[이승섭, 카이스트]). 설립이사장께서도 지난 2월 학위수여식에서 행하신 축사에서 대학의 운명이 발전이냐아니면 침몰이냐 하는 기로에 처해 있습니다. … 이사장님께서는 제3대총장이 떠난 지 11개월만인 지난 15일 박CM 총장 대행을 4년 임기의 제4대 총장으로 선임하였습니다. 그러나 결과는 저를 비롯한 대다수 교수와

직원을 실망시키고 있습니다.

총장 선임 규정 제21조에 보면 총장은 학문적 업적, 덕망, 경영 능력을 갖춘 사람이… 대부분의 교수는 부정적으로 보고 있습니다. 선임된 총장은 제가 개인적으로 잘 알고 인간적으로 존경하는 동료 교수 중의 한 사람입니다. 그러나 과연 포항공대의 총장으로서 적격자이냐. 학문적 업적과 경영 능력에 관한 한 이를 입증할 자료가 전혀… 앞으로 대학을 이끌어나가는데… 이에 저는 일체의 사심을 버리고 오직 포항공대의 앞날을 위해 십자가를 진다는 심정에서 이 글을 쓰지 않을 수 없었습니다. … 이사장님께서는 어떠한 경로와 기준하에서 4대 총장이 선출되었는지를 전 구성원에게 밝혀주시기 바랍니다. …

2003. 7. 19. 포항공과대학교 교수 김동한 올림

성명서

지난 2년여에 걸친 포항공대 총장 선임과정에서 교수들의 뜻이 반영되지 않은 채 재단이 독선적으로 내린 결정에 대하여 우리는 안타까움과 분노, 절망감을 느낀다… 교수평의회의 설문조사에서… 80~90%의 압도적인 다수가 총장 선임제도 및 과정이 비합리적이고 잘못되었으며, 총장 선임자가 총장으로서 부적합하다는 것을 지적하였다. …

이에 우리는 다음과 같이 우리의 입장을 천명한다.

하나, 총장 선임자의 자진 사퇴를 촉구한다.

하나, 재단 이사장, 부이사장의 사퇴를 촉구한다.

하나, 합리적인 총장 선임제도의 확립을 촉구한다.

하나, 포항공대·재단 간의 올바른 관계 정립을 촉구한다.

2003년 8월 22일(재단 이사 일동 명의의 글이 교수들에게 전달되었다), 제4대
총장을 만장일치로 선임했는데 일부 교수들이 '새로운 총장을 선임' 운운
한 설문조사를 하고 결과를 발표한 것은 법을 위반하였다. 이 결과를 인용,
악용하여 성명서를 내는 등 학교 질서를 문란케 하면 필요한 조치를 하겠
다고 경고했다.

성 명 서
(교수평의회-이진원 의장)(2003. 9. 15.)

지난 9월 1일의 교수토론회의 결과에 따라 재단 이사회에 전달할 교수제
안서에 학과별로 교수들의 서명을 받습니다.
전체 교수들에게 서명 추진 공지…

교수평의회-이진원 의장

포항공과대학교의 정상화를 위한 우리의 제언

우리 대학은 세계적 연구 중심 대학이라는 건학이념을 가지고 태어났으며,
이의 실현을 위해 지난 17년간 대학 구성원 모두가 최선의 노력을 경주…

특히 재단은 지난 1년 동안 총장의 부재라는 설립 이래 초유의 일이 발생하도록 만들었을 뿐만 아니라, 교수들로 구성된 총장추천위원회가 추천한 총장 후보들을 모두 무시하고, 대학 구성원의 의사에 상관없이 새로운 총장을 독선적으로 선임하였다.

이에 교수평의회가 설문조사를 결정하고 전체 교수들의 동의와 참여를 통해… 설문 결과에 따르면, 대부분의 교수들은 총장 선임 과정에 나타난 이사회의 독선과 그 결과에 대해 큰 우려를 나타내었다. …

따라서 우리는 교수 대토론회를 통해 집약된 우리의 의견을 다음과 같이 이사회에 개진하고자 한다.

1. 지난 1년간의 총장 부재에 대하여 이사회는 대학 구성원들에게 정중하게 사과하기를 요청한다.

2. 총장 부재 사태와 독선적인 총장 선임 과정을 주도한 이○○ 부이사장은 즉시 사퇴할 것을 요구한다.

3. 8월 22일 자의 경고문과 임명사에 표현된 왜곡된 내용에 대하여 대학 구성원들에게 해명할 것을 요청한다.

4. 이사회는 합리적인 총장선임제도를 조속히 확립하기를 요구한다.

정년 교수를 누명으로 추방하려는 사건
― 신문고를 두드립니다

글쓴이	포항공대 전자전기과 K
날짜	2005년 8월
연락처	---

저는 포항공대 설립기부터 땀 흘리며 20년째입니다. 1997년 12월 3일 IMF로 온 사회가 어둠을 헤매기 시작하던 날 신형 반도체 레이저(광양자테PQR 레이저) 발명으로 "1997년 올해의 과학자상"을 수상하여 각 언론계에 기사와 인터뷰가 쇄도했습니다.

그러나 대학은 지난 2005년 7월 중순부터 저를 불러, 2003년 3월 건립한 첨단교통기술(ITS) 실험장 건축에 문제가 있다고 지적, 소명하였는데도 약 1주일 전부터 대학은 재단의 징계 고발 등 사퇴를 강요하며 출장까지 막는 까닭에 UC at Irvine 대학에서 황우석 교수 등 한미한국인 과학자들이 대거 참여하는 학술대회 세션 좌장 및 세미나 발표도, 상기 대학과 공동연구 관련 MOU 체결 행사도 무산되었습니다.

저는 또 8월 5일 재단 징계위원회에 불려가서… 연구비로 개인 집 지었다고 매도당하는 수모도… 동료 교수들의 말을 참고하면 저를 협박하여 대학에서 쫓아내려는 하는 이유는 2002~2003년 지루한 총장 선임 파행 중

재단이 교수들을 무시하고 70살 정년을 앞둔 현 총장을 뽑은 것과 달리 저는 본교 대다수의 교수가 염원하던 "외부에서 유능한 총장을 영입하여 대학이 재도약해야 한다"는 희망에 동조하였습니다.

저는 아래와 같이 ITS 실험장 관련 교육부의 정당한 감사를 스스로 받고 자 신문고에 청원하는 바입니다.

2002. 11. 15.~2003. 4. 14.까지의 단기간 5천만 원의 기술용역 계약을 현 대자동차 계열 엔지비와 체결하였습니다.[*] 소위 '선행 연구'라는 내용으로 2002년 8월 제출한 과제인데, 그 결과가 좋으면 수년간 연 2~3억 원의 본격적 현대자동차 장기 기술개발 과제로 연결되는 특이한 단기 과제… 여럿이 공모했으나 본인의 과제만 채택했습니다. 처음 5~10미터 감지였으나 엔지비사의 장기 목표는 20~30미터에서 궁극적으로는 40~50미터 감지 능력의 야심 찬 목표였습니다.

---

[*] 2002~2003 기술용역. 현대자동차 계열 (주)엔지비와 체결 이전에 유사하지만 더욱 근본적인 과제 제안서로 삼성종기원과 일정 기간 논의를 먼저 하였다. 장기적 목표는 유사하게 자동차 무인화 광기술로 10여 년 후 미국이 세상에 갑자기 등장시킨 레이저 광기술이었다. 당시 국내는 마이크로 무선통신 기술에 매몰된 장벽에 갇혀서 광기술을 쳐다보려 하지 않았는데, 만약 삼성종기원이 멀리 내다보았다면 우리의 광기술이 미국을 수년 앞질렀을 것이다.

2005 K교수 사건

연구비 조사 결과 교수 검찰 고발 처분 논란[*]

이번 연구비 이용실태 점검 결과 연구비 유용 혐의를 받고 있는 K교수에 대한 조치와 대학 당국과 K교수 측간의 입장 차이가 논란이 되고 있다. 대학은 현재 총장 명의로 K교수를 검찰에 고발한 상태다.

K교수 측에서는 "교원인사위원회에서 요구한 소명서 제출로 일이 마무리될 것으로 생각했으나 뒤이어 열린 징계위원회에 출석한 후 며칠 지나지 않아 대학 측으로부터 견딜 수 없을 정도의 심한 사퇴서 제출을 요구받았다"며 "이를 거부하자 검찰에 고발한 것"이라고 밝히고 있다.

대학 측이 K교수를 고발한 사유는 크게 두 가지로 정리된다. 먼저 자신 명의의 사유지에 연구비를 사용해 연구 시설을 짓고, 건축주 역시 자신의 이름으로 등재한 점이다.

이에 대해 K교수는 "2003년 당시 진행된 연구는 1~2개월 내에 최대 길이 40m 규모의 공간이 필요했으며, 사안이 매우 촉박해 교내에 실험할 만한 공간을 얻기는 힘들 것이라 판단, 내가 갖고 있던 땅을 이용하기로 결정했었다"며 "사유지에 연구 시설을 건축하는 것에 대해 교내의 연구처

---

[*] 황의성, 「포항공대신문」 2005. 날짜 불명.

와 기획처 등에 자문을 구해보니 처음에는 명의와 관리상의 문제로 난색을 표해 본인도 거의 포기하고 있었지만, 결국 다행히도 실무가 집행되었다"고 말했다.

대학 측이 문제 삼고 있는 또 한 가지는 바로 건물주의 명의이다. K교수는 "건물이 잘 지어지고 연구를 계속하고 있던 6월 하순 즈음에 취득세를 내라는 고지서가 날아왔다"며 "건축 단계부터 대학에서 귀찮아하기도 했고, 내 랩의 시설이라 관리에 대한 책임감을 느껴 취득세를 직접 납부했으며, 그 과정에서 건축주의 이름이던 나 자신의 이름이 그대로 등기된 것으로 보인다"고 말해 과정상에 고의성이 없음을 밝혔다.

K교수가 이번 건이 고의가 아님을 주장하는 이유 중 또 하나는 진행 과정을 계속 학교에 보고했다는 점이다. K교수는 "우리 대학의 연구비 구매 운용은 개교 당시부터 본부에서 종합해서 관리해 왔다"며 "연구 시설 건축에 연구비를 사용하는 과정에서 계속해서 본부와 소통했고 또 결국 본부의 승인으로 연구비가 집행되었다"고 강조했다.

총장에게 고소당한 교수,
검찰 무혐의 처분 파장

무성했던 추측들, 검찰의 무혐의 처분으로 대학 내 불화설에 무
게 실려[*]

포항공과대학교(포스텍) 총장이 사기와 횡령 혐의로 검찰에 직접 고소
한 전기전자공학과 교수가 검찰 조사 결과 무혐의 처분을 받으면서 대학
내 파장이 일고 있다. 포항 CBS 〈뉴스의 현장〉 집중취재 내용을 정리했다.

질문 1) 21일 대구지방검찰청 포항지청이 포항공과대학교 박찬모 총장이 고소
한 권 모(59) 교수를 무혐의 처분했다고 밝혔는데?

▶ 그렇다. 포항공과대학교 개교 이래 재직 중인 교수를 검찰에 고소하는 초유의
사태로까지 번진 '연구비 횡령 사건'이 결국 검찰에서 무혐의 처분으로 마무
리됐다. 이에 따라 이번의 포항공과대학교 교수 고소 사건이 '교수의 도덕성'
문제인지 아니면 '대학 내 교수 세력 간 알력에 의한 음해설' 인지를 놓고 무

---

[*] 포항CBS 〈뉴스와 현장〉 2005. 12. 23.;「노컷뉴스」 2005. 12. 23.

성했던 추측들이 검찰의 무혐의 처분으로 대학 내 불화설에 무게가 실리게 됐다.

질문 2) 검찰이 무혐의 처분을 내린 이유는?

▶ 대구지검 포항지청 형사2부(부장 정중택)는 21일 업무상 횡령과 사기 혐의로 포항공과대학교에 의해 고소된 전기전자공학과 권 모 교수를 무혐의 처리했다. 무혐의 이유는 "연구실 신축 등 연구비 사용 내역과 참고인 조사, 계좌 추적 등 충분한 조사를 벌였지만, 포항공과대학교의 주장을 뒷받침할 만한 증거가 불충분했기 때문"이라고 밝혔다. 검찰 관계자는 사기 혐의에 대해서도 "연구비 집행 과정에서 절차상 일부 문제점이 발견됐으나 행위에 있어 고의성이 인정되지 않아 역시 무혐의 처분키로 했다"고 덧붙였다.

"무혐의" 그리고 사라진 조각꿈
— 분기점과 Prigogine 교수

그의 창조과학 활동을 믿지는 않으나, 나는 처음 한동대 김영길 총장을 찾아 상의했다. 이 문제에 김 총장님은 바로 충고해 주었다. 김호길 총장, 김영길 총장, 두 분 다 고인이 되었지만 최고의 총장이었다. 한동대 챕터에서 앞에 요약한 것처럼 그는 법정구속까지 당하고 대학을 끝내 정상화한 사람이다. 그의 어드바이스의 핵심은 '철저하고 세밀히 대응하라'이다.

검사에게 불려가면서 내가 한 것도 처음부터 두세 달까지 답변 자료를 세밀히 찾고 정리하면서 정확한 자료들을 만들었다.

여기에서 뜻밖에 나를 구한 것은 UCLA 연구년 이후 귀국하여 3~4년간 캐비닛도 아무것도 없이 코너에 1미터 이상 쌓여있던 서류들이었다. 부지런한 비서가 있어서 매주 그것들을 치워서 내 연구실이 깨끗했다면 나는 항복할 수밖에 없었을 것이다. 그러나 아무도 그 서류 더미를 치울 사람이 없었다. 즉, 3~4년간의 서류 사본들이 그대로 쓰레기처럼 엉켜서 잠자고 있었다. 나는 그 쓰레기 속에 살고 있었다. 하느님이 여기에 없이 계셨다(류영모 선생의 "없이 계시는 하느님"처럼)!

대학에서 나를 옭아매려고 한 것은 바로 내가 연구처 등에 제출한 서류들을 이 뽑듯이 뽑고는 딴청 하는 것이었다. 검사가 요구하는 증거들을 알고 보니 바로 내가 제출했던 서류들이었다. 대학은 그런 서류들을 제출 받은 적 없다고 잡아떼고 나를 막다른 골목으로 몰아간 것이었다. 그 명령을 받아 일한 직원들은 침묵했다.

가족이 다니던 P교회 담임목사께서 내가 붙들고 있으라고 한 것은 시편57장. 처와 함께 그걸 암송하는 슬픈 시간들, 특히 내가 집중 암송한 것이 6절이었다.

> 그들이 내 걸음을 막으려고 그물을 준비하였으니 내 영혼이 억울하도다. 그들이 내 앞에 웅덩이를 팠으나 자기들이 그 중에 빠졌도다(셀라).

나는 두세 달 그렇게 쓰레기에서 발견한 서류들 내용을 한 줄 또 한 줄 참을성 있게 내용과 단어들을 대조 비교하며, 긴 시간을 보내면서도 수없이 시편 57장을 암송했다.

그러는 동시에 내가 자주 생각하는 부분은 욥의 에피소드이다. 내가 그렇게 견줄만하다는 뜻은 전혀 아니다. 나는 예수가 대속하신 죄인이다. 그런데 왜?

상대적 욥이다. 절대적 욥은 아니지만 약간 몇 %, 몇십 %의 상대적 욥 생각을 하곤 한다.

나는 대단하지 않다. 그러나 나대로 항상 바르게 살고 있는지 아무 데나 해를 끼치는 일은 없는지 내 삶의 무게는 달고 산다.

하지만 한국에서도 미국에서도 동분서주 살았던 궤적에서 어려웠던 순간과 궤적들은 여기저기 나뒹굴고 있어 생각들이 낙엽이 된다. 그 흔적들은 욥만큼 거창하거나 잿더미서 하늘을 기다리진 않았으나 나대로의 상처도 깊이 팬 데가 없지 않다.

나는 몇 %, 몇십 %의 상대적 욥인가? 나의 천평(天平)에 무거운 추가 흔들리는 괴로움에 아프다. 왜 난 한국 사회를 힘들게 사는가? 내가 힘드니까 가족들도 힘들다. 나는 바보 같다. 나를 돌려다오.

익숙한 곳이 아니고 모자라지만, 그래 난 이렇게 하여 신학 수업을 받게 된다. 이제 삶의 먼 곳이 보이는 넓직한 멍석이 아닌가! 가슴에 묻은 것은 상대적 욥이 되었다는 가슴으로 웅크리고 살아라!

가브리엘(Gabriel)의 말을 알아듣지 못한 사가랴(Zacharias)처럼 벙어리가 되어도 침묵의 말씀을 배우는 멍석으로 가라는 영지(靈脂). 소란한 멍석은 잊고, 연구하는 랩에 길이, 멤버들이 있다! 역마살 삶에서 조용하게 살피라!

그리고 어느 날 저녁 랩 멤버들에게 부탁했다, 구명을 위한 탄원서 서명을. 그들은 밤새 서명을 받은 서류를 다음 날 가져왔다. (뒤에 첨부한) 230명 학생의 서명철을 받고, 필자는 하나둘 이름을 보며 속으로 울었다. 2백여 명, 그들은 날 본 적도 없다. 그러나 그들이 나를 믿어주었다! 나에게 세상을 하직하도록 붙들고 있을 생명이다.

나중에 학과 교수들도 나를 도와주었다. 과거에 대학이 흔들릴 때 나스스로 여러 번 타 과 교수들의 서명까지도 받았었다. 화학과, 생명과 건물까지 돌아서 그 학과 교수들은 날 보면 서명! 물론 싫어하는 교수들도 여기저기 있었다.

이번에는 날 도와달라는 서명을 학과 교수들에게만 받았다. 나를 학과에서 공공연히 대적하고 당시에는 반대편에 서서 나를 해치려고 칼을 가는 자의 서명은 물론 제외했다.

소속 및 연락처	서명	소속 및 연락처	서명	소속 및 연락처	서명
전자전기		서울		기계 (	
전자전기공		생명		기계 (	
전자과		생명		기계 (ㅅ	
전자과				기계 (ㅅ	
전자과	윤종훈	기계과 (ㅅ)	이해 구	수학 (	양진용
전자과	윤혜영	"	김태정	수학 (	고태원
전자과		"	강문후	수학 (	이준오
전자과		전자과	심문정	수학	
생명과		기계과		" 2	
생명과	김형욱	기계과		물리 2	
생명과		"		물리	
생명과		기계과		4동	김호철
생명과		기계과		4동	
생명과		기계과		4동	
생명과목과		기계과		4동	
"		"		4동	
"		"		응용화학	상에 한
"		"		물리학과	
"		"		물리학과	
"		기계과		전자과	이서영
"		기계		전자과	
"	이상철	기계과		물리학과	노재환
"		기계과		신소재	
화학공		기계과	이지	재료공	
생명		기계	김계호	수학	
0		기계	허진동	물리	
생명과	Jeon.	기계		신소재	
생명		기계			
생명		기계		기계과	

신다면, 권오대 교수님의 억울한 칭형 형의를 일으는데 큰 도움이 될 것입니다.

소속 및 연락처	서 명
전자공학 /	
전자공학 / 2	봉이
전자공학 /	
전자공학 /	
전자공학 /	drum
전자공학 / 2	(om)
전자 / 2	
전자 / 2	
전자 / 2	
전자 / 2	
전자 / 2	
전자 / 2	
전기 /	
전기 / 2	
전기 / 2	
전기 / 2	
전기 / 2	
전기 / 2	
전기 / 2	
전기 / 2	수경이V
전기 / 2	조상호
전기 / 2	최민호
전기 / 2	윤진한
전기 / 2	

소속 및 연락처	서 명
산업경영	
"	
"	
"	
산경	
산업경영	
산경과	
산경 과	
산업과	
산업과	
산경과	
산경과	
산경 2	
산경 3	
산경 2기	
산경 2기	박계현
환경 2기	Hyun Y.C
환경 2기	Kim
환경	
환경보건	김명신
기계 이	
산업	김미아
전자 이	정승철
화학 아	한건희
화학 이	
화학 아	
환경 아	유나리
수한 이	
기계 에	

소속 및 연락처	서 명
전자 이	
물리 이	
물리 이	
기계	
수학 이	
산경 이	허준연
기계 08	유영욱
전자 그래	
토	
조경	
포항	
포항	
포항	
포항	
포항	
포항	
포항	
포항	
포항	
포항	
포항	
포항	
전자과 2기	
전자과 2기	
전자전기 2기	
전자전기	

소속 및 연락처	서명	소속 및 연락처	서명
전자전기		포항	
054-2 타이소하스영		포	
		포항	
010-977		포항	
011-91		포항	
		011-319	
기 계		074-2	
산업가		011-173	
화학		011-9615	
컴퓨		010-7279	
전자전기		074-09	
01		011-901	
산업경영		010-680	
전자전기		011-369	
화학과		016-47	
화학과			
생명과학			
생명과			
생명과			
생명과			
생명과			
〃			
생명과			
〃			
〃			
〃			
포항			
포항			
포항			
포항			
포항			

LKS 검사실 조사 관련

— 탄원서를 주었다. 더 할 수도 있다고 하니 충분하다고 했다.

— 담당 검사는 나를 조사하고 파악했다.

— 하루는 합의할 뜻이 있냐고 물었다.

— 총장이 내가 휴직하는 조건으로 끝내겠다고 하니 동의하냐고?

— 여기까지 고생했는데 기어들라고? 총장은 나를 잘못 본 것이지.

교수평의회 의장이 거의 똑같은 소리를 했다. 즉시 거절했다. 제13대 1기 「교수평의회보」에는 2005년이 기록되었다. 10쪽가량 여기저기, K교수에 대한 수십 개의 의견이 있다:

- 총장이 총장 역할을 못해… 이사장에게 너무 휘둘린다.
- 교수평의회는 마땅히 본부의 행동에 강력한 반대의견을…
- K교수 사건에 대하여 고처위 1회의 소집 이후 감감무소식이다.
- 교수평의회는 책임을 통감하고 자폭해라…
- 무죄로 판명 날 경우 현 총장은 반드시 사퇴… (스스로 언약)
- 역사에 오점으로 기록될… 총장이 교수를 기소하는 사태가…
- …그 과정에서 부총장과 교무처장을 비롯한 보직자들은… 부추긴 점…
- 본인(박CM)의 총장 선출과 이번 고발 건이 관련이 있는 것처럼 주장…

나중에 검사실 직원은 조서가 1,000쪽이 넘는다고 했다.

무혐의에 큰 파장이 일고 포항공대 총장 항고 등으로 보도되자 검사실은 '쳇, 항고하라'고 당당히 그러지!(지난 여름부터 지금까지 언론에 별별 황당한 얘기가 나오든 말든 나는 침묵을 지켰다. 벙어리가 아닌 벙어리가 되었다.)

무혐의가 나기 전전날인 듯하다. 갑자기 TJ가 오신다는 연락을 학교에서 전해왔다. 칠포의 ITS 실험실을 가보신다는 전언이었다. 나는 하필 아침 서울 출장으로 포항발 항공기에 탑승 중이었다. 급하게 연구실 학생들이 모시도록 연락했다(박CM 스스로 직을 걸었다면서 고발한 사건 이후 나는 대학의 일에 일체 관심을 꺼버렸다. 그 까닭에 이 소설 같은 얘기의 결론도 '미완'의 스위치로 꺼버렸다).

중요한 에피소드 내용을 보며 각 부분 형편이 이해되길 바란다. 특별한 역사적 의미를 가진 사건들 또는 해외 대학 모습들이 선진 교육/연구의 혁신에 도움 되길 바라며, 첨부 파일 박스들을 정리한다.

이 책 뒷부분 "첨부 자료"에 10여 년 전에 2회 간행된 『아인슈타인 하우스』의 일부 자료와 공병호 대담 일부, 230명 학생 서명부를 포함한다. 프리고진 교수님이 함께 논하자던 분해연산자 이론은 그분의 별세 및 나의 연구 환경 변화로 놔두고 떠난다.

노벨상 수상자 프리고진 교수 부부 포항공대 방문 강연 중(영일대호텔, 1997).

맺 는 말

윤석열 대통령이 취임 후 첫 국회 연설에서 연금·노동·교육 개혁을 새 정부 국정 과제로 제시하고 국회의 초당적 협력을 요청했다. 이 세 가지야말로 가장 중대하고 시급하지만 역대 정권이 '폭탄 돌리기' 하듯 미뤄온 최대의 국가 현안이기 때문이다.

세 가지 중 노동 부문은 노-사-정 기구에서 담당할 것이다. 한편 교육 개혁은 21세기형 창의적 인재 양성을 낡은 교육 시스템이 가로막고 있다. 신기술 4차 산업혁명이 모든 낡은 것의 패러다임을 바꾸는 세상에서 한국 교육은 이·문과 분리제, 6·3·3학제처럼 70년 된 시스템을 끌어안고 획일적 교육에 갇혀 있다. (중략)*

수년간 괴사하는 지방사립대학 상황을 응급 구제함과 동시에 국가 재정에 의존하지 않고서 지역별 '거점 지/사/대'의 선진 명문화를 추진하는 전략을 비교적 소상하게 밝혔다. 이를 시행하는 예산은 '국회의 사립대학 퇴로법' 제정으로 대학의 잔유 재산이 담당한다. 명문화 참여 대학은 xx%씩 담당한다. 완전 청산 대학은 yy%를 대학 설립자가 가지고 나머지를 명문화 계획에 귀속시킨다. 명문화 참여대학들은 지역별로 명문화 대학 네트워크를 조직하여 실천하되 대학 총·학장 네트워크 또는 대체 주력이 국가 관리 감독하에 사업을 추진한다.

---

* 이덕훈,「조선일보」2022. 05. 17.

반도체로 먹고사는 나라에서 대학 정원 규제 때문에 반도체 관련 학과 졸업
생이 매년 수천 명씩 모자라는 부조리극 같은 일이 벌어진다. 이공계는 구인
난, 인문계는 구직난을 겪는데 교수들의 기득권 반발 때문에 학과 구조조정
은 철벽에 막혀 있다. (중략)[*]

　포항공대는 1986년 개교하며 고 김호길 학장의 선견지명으로 반도체
중점 플랜과 연구 장비 투자를 획기적으로 추진하여, 삼성전자와 4반세기
의 상호 산학협력 역사를 쓰며 수백 명의 석·박사 졸업생들이 삼성맨이
되었고, 대학은 전 삼성전자 회장 '권오현 강의실'을 지정하며 감사를 표
시하였다(본서 텍스트의 내용에 30여 년 역사를 정리).
　안타깝고 아쉬운 바를 시급히 지적하면, 고 김호길 학장과 의기투합,
이공계 대학원생들의 병역 문제를 해결하려던 것이 실패하였다. 젊은 이
공계 대학원생들을 군에 보내서 창의력이 샘솟는 수학 두뇌들을 수년간
녹슬게 썩히는 것은 이적행위에 해당하는 짓이라고 거듭 주장한다. 제2차
세계대전의 국가 위급 상황에도 일본은 이공계 학생 두뇌의 보호를 위해
병역을 막았던 것을 주목해야 한다.
　병무청이 과학기술의 방위력 가치를 백안시하는 근시안적 시대착오에
서 벗어나고, 병력 숫자에 매몰되는 원시성을 탈피, 현대전이 과학기술력
개발에 치중하는 전략적 중심 이동 시대임에 시급히 눈을 떠서 기술력
중심 전략에 집중하여야 한다.
　90년대 초까지의 '이공계' 대학원생 향학열이 김영삼 시대 초기 '형평
성'이라는 병역특례 정책의 변질로 냉각되었다. 약 10년 후 2,000년대 '이
공계 기피' 현상의 사회 병폐가 발생, 중국이 우리의 기술 우위를 구석구

---

[*] 「조선일보」.

석 잠식했다.

드라마 <영웅시대>가 박정희 시대를 간결하게 조명하였다. 서독에 학사 광부들과 간호사들의 인력 수출이 최초로 해외 달러들을 푼푼이 벌어오던 현장 방문에서의 통곡이 경제개발의 신호탄이었다. '개발독재' 기간 국민적 노력의 땀이 한강의 기적으로 흘렀다.

"뮤지컬 박정희" <아 너무도 아까운 별이여>가 웅변하듯 젊은이들에게 그 뜻을 전달했다.

경부고속도로와 울산공단 사업 기간. 1) 정주영의 현대건설이 태국 도로공사 사업 수주로, 최초의 해외건설 사업에 나선 것에서 선박, 자동차로 뻗어간 것, 2) 이병철의 삼성물산이 사카린 밀수의 오명을 넘어, 시멘트, 비료 국산화의 성공, 삼성전자의 반도체/디스플레이로 뻗어간 것, 3) (대일청구권 자금으로) 박태준의 포항제철 건설이 경제 발전의 축을 나란히 쌓았다. 아울러 학생들의 개척정신을 주말마다 몰래 보살피던 박태준 설립자의 연구 중심 명문 포항공대는 분골쇄신의 땀을 쏟는 등등 경제개발 대동맥의 중단 없는 역사는 펼쳐나간다.

선각자 조만식 선생이 일제 치하 민립대사업을 추진하며 일본 방문 중인 아인슈타인(Einstein) 박사 내한 순방 강연 초빙을 일본의 간악한 방해로 실패하며, 수많은 청년 두뇌들이 과학을 잃고 만주로 흘러가 총으로 일본 청년들과 죽고 죽이던 총독부의 한숨 어린 역사. 그리고 아인슈타인의 과학과 전설적인 교훈을 염주처럼 엮었다. 특히 1917년에 이미 예언하듯 발표한 논문에서 펼친 광자(Photon)와 레이저(Laser)의 수십 년을 넘은 응용기술, 광통신 및 5G, 6G 기술이 양자컴퓨터로 아직 확장 중이다.

이와 관련 내 꿈의 광양자테(PQR)의 3차원 레이저의 장기전과 신기함도 잠깐 살폈음에 더하여, 『아인슈타인처럼 양자역학하기』(L. Smolin)의 일독을 추천하며, 그보다 짧은 리뷰 논문("물리학과 첨단기술, 특집/양자론의 코펜하겐 해석에 대한 새로운 연구경향," 한국물리학회, *May* 2013, 7~12)을 도서관에서 검색할 수도 있을 것이다.

맺는말 앞의 사진은 2003년 별세하신 노벨상 수상자 프리고진 교수님 부부가 1997년 초청 강연차 포항공대를 방문하시던 모습이다. 언제든지 벨기에로 오라고 하시던 교수님과 당시 15년간 얽혀있던 연구 주제를 풀지 못하고 IMF의 어려운 시기 반도체레이저 연구에 묶여 매몰되었던 세월이 한없이 안타깝다.

그러나 10대 선진국에 진입한 우리의 미래세대는 "선진 백년지대계"를 꽃피울 것이다. 한예종 학생 임윤찬 군(손민수 교수 사사)의 60주년 반 클라이번 콩쿠르 우승이 서광을 비춘다.

인생은 가지만 기술은 기다린다. 코-주-부(코로나-주식-부동산)의 부정 불신의 5년 사회 혼란에서 먼지를 털고 주저앉은 자리에서 박차고 일어나며 공정 신뢰 선진의 길을 달려야겠다.

신의 가호인지… 역사는 희한하다! 대학 개혁의 책이 끝나는 시기에 미 바이든 대통령이 평택의 삼성전자 반도체공장을 찾아 차세대 자동차 기술 협력의 다리를 놓으며, 윤석열 대통령과 정상회담 및 경제/보안의 혈맹 정신 계승과 결속을 되새긴다!

올림피아 아카데미 (1) — 아인슈타인 레슨 현장

모리스 솔로빈의 회상록 일부가 아인슈타인 탄생 100주년 기념문집에 게재된 것에서 당시의 올림피아 아카데미를 엿볼 수 있다. 올림피아 아카데미—아인슈타인 하우스—는 아인슈타인이 시간제 튜터로서 가르치고 토론하던 미니학원으로 물리학과 철학의 토론장이었다. 솔로빈은 1900년 루마니아 지역 헝가리에서 베른에 왔다.

1902년 부활절 휴가 기간 베른 거리를 걷다가 신문을 샀는데, 우연히 '알베르트 아인슈타인, 취리히 공과대학 졸업생, 물리학 레슨, 시간당 3프랑'이란 광고를 보았다.

"혹시 이 사람이 물리의 미스터리로 나를 안내할 수 있으려나." 주소대로 찾아가 계단을 오르고 초인종을 누르니, "들어오시오!"하고 큰 소리가 나고는 그가 나타났는데 큰 눈의 유별난 광채에 놀랐다. 들어가 앉으며, 나는 철학을 전공하는데 물리학의 지식을 심화하여서 네이처에 관한 확고한 지식을 가지고 싶다고 했다. 그는 자신도 이전에 철학에 대해 깊은 관심을 가졌었는데, 희미함과 임의적인 철학을 그만두고 이제는 물리학만으로 한정했다고 말했다. 우리는 세상의 모든 것들을 얘기하며 두 시간을 보냈다. 의기가 투합하고 친근감이 들었다. 내가 돌아가려니 그가 밖으로 따라 나와 거리에서 또 반 시간을 보내고는 다음 날 다시 만나기로 하였다.

나는 그의 비상한 통찰력에 압도되고 물리 지식의 해박함에 경탄하였다. 말이 유창하지는 못하였고 명확한 이미지까지 떠올리는 설명을 하지는 않았다. 그는 천천히 단조로운 톤으로 그러나 아주 분명하게 사물을 설명하였다. 그는 추상적인 아이디어를 설명하려고 가끔 일상에서 겪는 예들을 들었다. 아인슈타인은 수학을 구사하는 능력이 출중하였지만, 물리에서 수학을 잘못 쓰는 것들을 비판하였다.

"물리라는 것은 원래 직관적이며 구체적인 과학이야. 수학은 단지 제반 현상을 주관하는 법칙을 표현하는 수단일 뿐이지."

몇 주 후 콘라트 하비히트가 가담했는데, 그는 샤프하우젠에서 아인슈타인을 알았고, 수학 교사가 되는 공부를 마치려고 베른에 왔다. 아인슈타인은 우리와 모일 때 함께 식사를 하도록 했다. 먹는 것이 아주 검소하여서 소시지, 치즈, 과일, 꿀, 차 한 잔뿐이었다. 그렇지만 우린 활기가 넘쳐흘렀다. 자신의 생활을 감당키 위해 그는 학생들을 더 받아야 했으나 거의 없었기에 돈이 별로 생기지 않았다. 어느 날 그는 생활비를 쉽게 벌려면 거리에 나가 바이올린을 켜면 될 걸 하고 말했다. 그렇게 한다면 그룹이 되기 위해 나는 기타를 배울까 하고 대답했다. …

흥미로운 문제가 생기면 그가 얼마나 몰입하는지 예를 하나 들자. 베른 거리를 걸으면 우린 식료품점을 하나 지나곤 했는데 거긴 입맛을 돋우는 것들이 진열되고 그중엔 캐비아도 있었다. 나는 루마니아의 부모들과 맛있게 먹었던 캐비아를 떠올렸다. 거기선 상당히 저렴했는데 베른에서는 범접하기 어렵게 비쌌다. 그래도 아인슈타인에게 캐비아 찬사를 늘어놓지 않을 수 없었다.

"그게 그렇게 맛있는 거야?"

"아, 그 맛이란 상상이 안 되죠!"

하루는 내가 하비히트에게 얘기했다.

"우리가 아인슈타인을 깜짝 놀라게 하자. 3월 14일 생일날 캐비아를 서브하자고!"

일상적인 것이 아닌 무얼 먹으면 그는 무아경에 도취해서 장광설의 찬사를 늘어놓곤 했다. 이번에 그가 만족함이 도를 넘으면 어찌 될지 상상하면서 즐거워했다. 3월 14일 우린 그의 아파트로 저녁 먹으러 갔다. 소시지 등을 전과같이 준비하고는 캐비아를 세 접시 나눠 식탁을 준비하고 아인슈타인이 오도록 했다. 가끔 그랬듯이 그날 저녁은 갈릴레오의 관성의 원리를 얘기하였다. 그는 얘기에 빠져 모든 세상사의 기쁨과 시련에 대한 의식을 깡그리 잃어버렸다. 우리가 식탁에 앉았을 때 그는 관성 원리에 관해 설명하는 동안 캐비아를 한입씩 집어넣고 있었다. 하비히트와 나는 서로 눈짓하며 경악하였다. 그가 캐비아를 몽땅 먹어버리자 나는 물었다.

"당신이 지금 뭘 먹고 있었는지 알아요?"

그의 큰 눈이 나를 보며,

"왜? 이게 뭐였는데?"

"맙소사! 그게 그 유명한 캐비아라고요."

"아하! 바로 캐비아였어!"

놀래면서 그가 한 말이었다. 잠시 말이 없더니,

"글쎄, 나 같은 농부에게 식도락가가 먹는 고급 음식을 주면, 그걸 감읍할 줄도 모르잖아."

올림피아 아카데미(2)

베른의 문화적 특색 중 하나. 전 유럽을 순회 공연하는 명연주자들이 베른에 꼭 들러 한두 번 콘서트를 연다. 한번은 유명한 체코 4중주단이 베토벤, 스메타나, 드보르자크를 연주한다는 프로를 보고, 아인슈타인에게 내가 표 3장을 사겠다고 했다.

"내 생각은 그 콘서트를 포기하고 데이비드 흄을 읽어야겠어."

"알았어요" 하였는데, 그날이 되자 나는 콘서트홀 옆을 걷다가 생각 없이 덜컥 표를 한 장 사버렸다. 그날 저녁은 내 숙소에서 아카데미 모임이 있을 예정이었기에 미리 디너를 준비하고, 특히 그들이 좋아하는 완숙 계란도 만들고는 벽에 메시지를 붙였다.

"사랑하는 친구들, 완숙 계란입니다. 많이 드세요."

그러고는 급한 용무로 빠진다고 집주인에게 메시지 전달을 부탁했다. 그들이 듣고는 뭔 일인지 금방 알았다. (그들은 저녁을 먹은 후) 내가 연기라면 뭐든지 질색하는 걸 알고, 둘이서 독한 연기를 뿜어댔다. 아인슈타인은 파이프를, 하비히트는 대형 시거를. 그러고는 나의 모든 가구를 침대에 모아놓고 벽에다 대자보를 붙였다.

"사랑하는 친구여, 짙은 연기입니다. 많이 드세요."

난 콘서트에 간 후에는 방금 들었던 음악이 내 속에서 에코가 일어나게 하며 산책을 하는 습성이 있다. 그날 밤도 주제를 마음에 새기고 변주들을 음미하느라고 거리를 어슬렁거리다가 새벽 한 시에 귀가했다. 방에 드니 혐오스러운 담배 연기와 냄새가 가득하여 숨이 막힐 듯하였다. 나는 즉시 창들을 열어놓고 천정까지 거의 닿은 가구 더미들을 다 치웠다. 잠자리에 들어 잠을 청하려고 해도 베개와 침대 시트가 구역질 나는 담배 냄새에 절어서 눈이 감기지 않다가 거의 아침이 되어서 겨우 잠들었다.

다음 날 아인슈타인 아파트의 아카데미 미팅에 갔는데, 그는 날 심하게 째려보며 고함을 질렀다.

"이 엉터리야, 두어 명의 바이올린 연주에 홀려 공부를 빼먹다니! 야만인! 이 아둔한 이디엇! 다시 한번 그랬다가는 당장 아카데미로부터 불명예 추방이다!"

이전에 빠진 공부를 보충하기 위하여 그날은 밤새워 미팅을 했다. 우린 그렇게 다양하고 흥미 가득한 생활을 3년 이상 계속하다가 1905년 11월 나는 리용 대학으로 갔다.

심오한 선함과 유일무이한 원형적 마음, 결코 굴함이 없는 도덕적 용기를 지닌 그를 사랑했고 존경하였다. 그의 정의에 대한 감각은 타의 추종을 불허할 지경이었다.

I loved and admired Einstein for his profound goodness, his uniquely original mind and his indomitable moral courage. The sense of justice was developed in him to an exceptional degree.

대부분의 아전인수식 지성인들은 도덕적 감각이 해이해짐으로 멸시당하는 경우와는 판이하게 그는 항상 불의와 폭력에 저항하였다. 오랜 세월이 지나고 또 지나도 사람들의 기억 속에 그는 살아있겠으되, 전무후무한 과학의 천재로서만이 아니라 도덕적 이상을 가장 높이 구현한 사람으로서 기억될 것이다.

아인슈타인의 조선 방문 불발과 민립대학운동
(20세기 대각성 허비의 치욕 36년사)

1906년 이후 우리나라 정부가 일본으로부터 국채 1천3백만 원(圓)을 차관하게 되었는데, 이것을 갚자는 국채보상운동이 일어났다. 대구의 서상돈(徐相敦), 김광제(金光濟) 두 사람이 발기하였다. 이에 따라 대한매일신보, 제국신문, 황성신문, 만세보 등 여러 언론기관이 모금에 적극 나선 것이다. 금연운동이 일어났고, 부녀자들은 비녀와 가락지를 팔아서 이에 호응하였다. 그러나 총감부는 이 운동이 배일운동(排日運動)이라 하여 탄압하였다. 그 한 예로 그들은 국채보상 기성회의 간사를 보상금 횡령이란 오명을 씌워 구속하였다(드라마 〈야인시대〉를 보면 일제강점기의 일제 경찰이 누명을 씌워 구속하던 예들이 나온다).

1910년 일본에 병탐당한 후 운동은 자연히 가라앉고 이전에 모은 '국채보상운동' 기금이 갈 곳을 잃었다. 결국 민간에서 경영하는 민립대학을 설립하는 데 쓰기로 하고 민립대학기성회가 조직되었다. 선각자 조만식

(曹晩植) 등이 나섰다. 전국에서 모인 육백만 원을 기금으로 하여 데라우치 총독 때 대학 설립 인가신청을 하였다. 그러나 조선총독부는 이를 허가치 않았고, 경성대(京城大, 서울대 전신) 설치라는 김 빼기 작전에 돌입했다. 3·1 운동 이후 민립대학 설립 운동은 한 민족의 간절한 열망으로서 다시 타오르게 되었다. 1920년 사이토 총독 때 두 번째로 대학 설립 인가를 신청하였으나 사이토의 김 빼기 작전으로 또 철회되었다.

세 번째로 1922년 11월에 '조선민립대학기성회'가 조직되었고, 전국적인 호응을 얻어 활발히 설립 운동을 전개해왔는데, 이때의 촉진제가 '아인슈타인의 조선 방문 초청'이었고 '조선교육협회'가 전면에 나섰다.

이하 「동아일보」 자료

1921년 4월 1일~5월 30일, 아인슈타인은 차임 바이츠만(러시아 출신 화학자로, 이스라엘의 초대 대통령)과 함께 미국을 방문했다. 예루살렘에 유대인을 위한 대학을 설립하기 위해서였다. 동포를 위해 대학을 설립하겠다는 일념으로 그는 힘든 여정을 참아냈다. 그는 미국 방문에서 모두 75만 달러를 모금했다.

"재능 있는 많은 유대인 자손들이 고등교육의 기회를 갖지 못하는 것을 지켜보는 일은 무척이나 고통스러웠습니다"라는 아인슈타인의 말은 민립대학기성회가 가슴에 묻고 있던 한 맺힌 이야기이기도 하였다.

아인슈타인이 일본에 올 것이라는 기대가 잔뜩 부풀어 있을 때, 동아일보는 11월 4일 '아인슈타인 씨 일본 도착'을 보도한다. (이것은 일본의 속임수였다. 실제는 11월 17일~12월 29일이 방일 기간이었다. 그런데 11월 9일 아인슈타인의 노벨상 수상이 공표된 것을 일본 방문 기간으로 꾸미려고 위처럼 조작한 것이다. 조선의 의도를 안 일본의 또 다른 김 빼기 작전이었을 수도 있다.) 조선교육협회는 바빠졌다. 11월 10일 자 동아일보는 "상대성 박사를 초청 — 조선교육협회 주최로"라는 제목으로 이렇게 보도했다:

"유명한 유대인 학자 아인슈타인 박사가 방금 일본에 온 것을 기회로 조선에 소개하는 것이 우리 학계에 큰 도움이 되리라는 생각으로 오늘 오전 10시 남행열차로 강인택 씨를 파견하여 박사를 청하여 오리라."

그러나 아인슈타인은 조선에 오지 않았다. 그 이유에 대해 일본 긴키대학의 스기모토 겐지 교수는 "가이조 사는 아인슈타인을 초빙하기 위해 상상할 수 없는 많은 돈을 줬습니다. 하지만 조선에는 그만한 돈이 없었을 것입니다"고 말했다. (이것은 아인슈타인을 돈으로 먹칠하는 파렴치함과 착취 중인 조선을 다시 돈으로 능욕하며 깔아뭉개는, 후안무치의 이중적 저질 답변이다. 그런 답변을 듣겠다고 머리를 들이댄 건 누군가? 아인슈타인이 정말 어떤 사상의 인물인지 이 책의 앞에서 뒤까지 웅변하고 있다. 민립대 활동을 방해해온 일본의 음흉한 공작의 냄새가 난다. 아래의 결과도 그 증명이다. 안타까운 일이었다. 아인슈타인은 일본의 환대를 받고 그 땅의 평온한 모습을 사랑했다. 3·1운동, 민립대학운동 같이 조선의 몸부림치는 자주 독립운동을 등 뒤에 가려버린 음흉한 일본의 참모습은 철저히 숨겼다. 그들이 능욕하고 착취하는 조선의 암담한 모습을, 양의 가면을 쓴 그들이 나중 진주만을 습격하는 늑대로 돌변할 앞날을 아인슈타인은 몰랐다.)

결국 전국 조직을 갖추고 민립대학 설립 운동을 펼쳤던 조선교육협회는 점차 유명무실해지더니 1927년 신간회가 생기자 해체되고 말

위처럼 20세기 전반, 일제의 조선 강점으로 우리의 과학은 괴멸 상태
였다. 같은 기간 항일 독립운동에 달려간 많은 청년이 희생될 만큼 정치와
사회의식은 드높았다. 한편 과학 발달은 완전 부재였는데, 만주 등지에서
일본인들도 꽤 희생된 만큼 젊은 피를 한일 간 싸움에 흘린 것은 양측의
우매한 희생이며 우리 청년들 중 많은 과학 인재들로 성장할 귀중한 생명
들이 만주의 총칼에 이슬로 사라진 민족적 손실이었다. 이제 해방 후 66
년! 우리의 과학이 저능 수준에 얽매여 '노벨과학상 없음'의 상태로 숙인
얼굴을 아직 들지 못한다.

5 · 16 이후 오랜 군사독재 기간 경제발전은 있었으나 사회의 부조리
가 만연했다. 하지만 독재 기간에 이공계 병역 특례제를 수립하고 고수한
것은 위의 역사적 맥락에서나 국가 장기 발전 전략에서 아주 합리적인
선택이었다. 반면에 90년대 이후 민주 정부가 들어서고 '형평의 원칙'이
라는 칼날을 이공계 병특 제도에 들이대며, '군사정권이 고수한 비군사
정책'을 오히려 잘라버리는 어리석은 결정을 했다. 우리나라에 처음 싹이
튼 과학 발전 터전의 울타리를 없애버렸다. 이공계 기피 사회로 인재가
고갈되어버린 과학기술은 중일의 협공과 국민의 '과학 노벨상' 보채기에
퀭한 눈만 껌벅이며, 새 정권마다 '죽은 시녀의 사회' 노래만 부른다.

하이젠베르크의 박사과목 실패와 불확정성 원리
(과학 스스로의 불확정성을 노출한 희한함: 연구 중 유의할 대목)

하이젠베르크는 괴팅겐 보른 그룹에서 파울리가 떠난 자리 후임으로 가서 1922~1923년 겨울을 보냈다(보른은 하이젠베르크가 유능하고 파울리보다 예의도 바르다고 아인슈타인에게 편지했다). 하지만 하이젠베르크는 마지막 학기를 마치고 학위 논문 준비와 디펜스를 하려고 1923년 5월 뮌헨으로 왔다. 한참 연구 중인 양자론으로 학위를 준비하는 것이 마땅치 않아 조머펠트 지도 교수는 좀 전통적인 유체역학 분야로 논문을 쓰라고 했다.

하이젠베르크는 비인(Willy Wien) 교수의 4시간짜리 물리 실험 과목을 택해야 했다. 박사는 이를 꼭 마스터해야 하는 것이 비인의 고집이었다. 조머펠트의 이론물리 학생들도 예외가 없었다. 하이젠베르크는 실험에 코피를 쏟았다.

"액체 흐름의 안정과 탁류"(On the Stability and Turbulence of Liquid Currents)를 제목으로 59페이지의 계산 논문을 제출했는데 위원회가 승인했다. 뮌헨의 운하를 건설하는 회사가 준 연구과제에 관련된 것이었다.

하지만 오럴위원회의 구두시험에서 하이젠베르크는 완전 낙제였다. 실험 시간에 그는 간섭계(Fabry-Perot)를 쓴다. 비인은 광파의 간섭을 자주 다루었다. 그러나 간섭계의 분해능 한계를 유도하는 방법을 묻는 것에 버벅대고 말았다. 심지어 망원경이나 현미경의 해상도(resolving power, RP)를 유도하는 것도 대답할 수 없었다.

화가 난 비인이 축전지 원리를 물어도 하이젠베르크는 꿀 먹은 벙어리였다. 다른 분야를 아무리 잘해도 패스시킬 이유가 되지 않았다. 조머펠트와 비인 사이에 이론과 실험의 상대적 논쟁이 일었다.

결국 하이젠베르크는 턱걸이로 겨우 통과하고, 물리학을 겨우 턱걸이로, **박사과정 총평은 최하위로 패스**하였다. 항상 클래스의 선두였던 하이젠베르크는 수모를 감당키 어려웠다. 조머펠트가 집에서 조촐한 축하 파티를 열었는데, 그는 양해를 구하고 일찍 나와 괴팅겐으로 심야 열차를 탔다. 아침에 보른 연구실로 출근한 하이젠베르크는 보른에게 구술시험 얘기를 전하고, 그래도 자기를 받아들일지 물었다. 보른은 대답하지 않고 질문 내용을 되물었다. 질문들이 상당히 애먹이는(rather tricky) 것임을 알고는 그에게 주기로 한 '교육 조교' 오퍼가 유효하다고 했다.

참 새옹지마 같은 일이다. 그가 얼버무린 해상도($RP \sim \lambda/2(NA) \rightarrow \lambda$)는 푸리에변환 개념을 운동량-위치로 확장하여 이르는 하이젠베르크의 유명한 '불확정성 원리'의 뿌리가 되었으며, 조금 뿌리는 다르지만 $p\,\lambda = \hbar$의 추가적 연상으로 입자-파동 이중성에 접근한다.

$$\Delta p \Delta x \geq \hbar$$

늦깎이 스타 슈뢰딩거의 양자혁명: 슈뢰딩거 방정식
(개념 및 착상들이 끝을 찾아 정착되는 과정의 역사)

위처럼 탄생한 행렬 방식은 곧 엄밀하고 강력한 양자역학으로 군림하게 된다. 하지만 뒤집어보면 행렬역학에는 구체적인 '피직스'가 없다. 이를 추진한 학자들, 특히 독일 학자들은 당시 풍미하던 **불확정주의**(non-determinism) 철학의 영향을 강하게 받았다 한다. **보어**는 행렬역학의 전개를 반겼다. **아인슈타인**은 이론이 성공적이지만 최종 이론으로는 받아들이지 않았다.

"당신의 발걸음을 따라, 엄밀하게 '관측한 것'만으로 만든 이론입니다"라고 하이젠베르크는 항의하였다.

아인슈타인이 대답했다. "그 반대라네. 그 이론이란 것이 '관측한 것'들을 결정한 것이네."

하이젠베르크는 아인슈타인의 지적을 곧 알아듣게 되었다.

슈뢰딩거(Erwin Schrödinger, 1887~1961)는 안개를 더듬는 거 같은 행렬역학을 혐오했다. 페르미(E. Fermi)도 학문의 문턱에서 행렬역학의 구름 잡는 소리에 질려서 아예 물리를 포기할 뻔했다. 1926년 1월 슈뢰딩거는 하이젠베르크, 디랙, 파울리보다 14살이나 많은 38살에 등장했다. 그는 쇼펜하우어와 인도에 심취한 젊은이로 학위를 끝낸 후 1914~1918년 기간 포병 장교로 전장에서 몸을 망치고 있었다(그는 결핵으로 비엔나에서 타계하였다). 종전 후 몇 곳을 전전하다가 1921년에 취리히대학에 정착한다. 슈뢰딩거는 X-mas 휴가지에서 그의 방정식을 만들었다. 당시 같이 있었던 아로사 연인의 비밀은 끝내 밝혀지지 않았다.

그는 1927년 막스 플랑크 후임으로 베를린의 (훔볼트 대학 전신) 빌헬름 대학으로 갔다가 1933년 나치의 유대인 학대를 비판하고 독일을 떠나 방황한다. 옥스퍼드와 프린스턴에서 각각 오퍼를 받았으나 이행되지 못한 이유는 두 부인과 사는 그의 생활 습관 때문이었다. 1940년에 더블린으로 정착하여 17년을 산 것이 그의 조용한 행복이었을 듯하다. 1944년 쓴 『생명이란 무엇인가?』(What is life)에서 유전자 코드를 모색한 것을 왓슨(Watson)과 크릭(Crick)이 읽었는데, 그 영향이 DNA 구조 규명에 큰 도움이 되었다고 말했다.

그는 드브로이의 입자-파동 이중성 논문에 주목하고, 결국 이를 강력하게 추천한 아인슈타인의 논문에 의지를 실었다.

'당신의 논문이 드브로이의 이중성 개념을 중시하도록 저를 이끌었답니다.'

1926년 4월 아인슈타인에게 보낸 슈뢰딩거의 편지이다. 데바이(Debye)도 맥스웰 방정식 같은 파동방정식이 있어야 한다고 부추겼다. 슈뢰딩거 방정식이 그 해답이다.

막스 보른의 확률해석과 아인슈타인의 거부(21세기의 재등장)

보른은 1925~1926년 겨울에 MIT를 방문, 2가지 주제로 강의했다(crystal-lattice dynamics and quantum mechanics). 앞에서처럼 당시 코펜하겐의 보어 그룹과 **괴팅겐의 보른 그룹은 원자 구조 연구를 선도**하였다. 보른은 아인슈타인과 40년가량 주고받은 편지들을 정리한 서한집을 남겼다. 미국을 횡단하며 소개하는 세미나들을 하였다.

그해 반년을 훨씬 넘어 아인슈타인이 답을 한 편지가 있다.

"양자역학은 확실히 당당해요. 하지만 내 '맘속의 소리'(inner voice)는 그것이 아직 실체적(real thing)이지 않다고 그럽니다. 그 이론은 여러 가지를 얘기하지만 '오래된 것'(old one)의 비밀에 우리를 더 가까이 데려다주지 않는군요. 여하튼 신은 주사위 놀이를 하지 않는다고 나는 깨닫습니다…"(『서한집』, 1926. 12.).

슈뢰딩거의 파동함수를 입자의 존재 '확률'로 해석한 것이 보른의 주요 업적인데 이것을 아인슈타인은 거부했다. 브뤼셀의 제5차 솔베이학회(1927)에서 학자들의 최대관심사는 이것이었다. 아인슈타인은 양자역학이 시공간 인과율(causality)을 포기하는 것에 큰 우려를 나타냈다. 아인슈타인과 달리 보어는 보른을 거든다. 보른은 보어 그룹과 이미 상당히 밀착되었던 때이다.

"신은 주사위를 던지지 않지요"(God does not play dice).

"신더러 이래라저래라하지 마시오"(Stop telling God what to do).

넌지시 한 말에 보어의 대꾸는 사뭇 공격적이다. 에른페스트가 그 장면을 찍은 사진은 유명하다. 이와 관련해서 보른은 아인슈타인과 생긴 빈 공간에 보어를 받아들인다.

보어, 하이젠베르크 등의 입장인 코펜하겐 해석: (입자 · 파동의 이중성을 가진)

에너지(quanta)의 양자 세계에서 측정은 파동함수를 파괴(collapse)한다고 해석한다. 그래서 위치와 운동량을 동시에 정확히 측정하지 못하는 불확정성에 연계된다.

아인슈타인이 틀렸다고 보는 시각이 대부분이다. 아인슈타인 스스로 '노망난 늙은이'로 자기를 풍자할 정도로 그는 소외되었다. 그의 전기를 가장 훌륭하게 쓴 파이스도 이것만은 '아인슈타인이 잠시 점심 먹으러 나갔던 거야'라고 농을 할 정도이다.

일생 동안 아인슈타인을 학문의 선배로 충실히 따랐던 보른이 자기의 '파동함수의 확률개념화'를 반대한 아인슈타인을 설득하려고 노력한다. 나중엔 프린스턴에 체류 중인 파울리까지 개입시켜서 오해를 해소하려고도 했다(보른은 1925~1926년 겨울 세미나 순방으로 미국을 다녀갔다. 러시아에 오갔던 과거를 트집잡힌 보른은 2차 대전 후 매카시즘의 공산주의자 색출 분위기에 미국 입국비자 발급을 거부당하고, 아인슈타인을 생전에 다시 만나지 못한다. 아인슈타인은 600만 유대인을 학살한 나치에 대한 저항으로 2차 대전 후 거의 10년간 수많은 초청을 사양하고 유럽 땅을 다시 밟지 않았다).

사이언스 지에 흥미로운 실험 결과가 발표되었다(SCI 332, 1170[2011])

유사한 실험들이 있었지만, 이는 위의 코펜하겐 해석에 도전하는 데이터를 직접 보여준다. 비선형 편광판을 이용한 '약한 측정'(weak measurements)으로써 영의 이중 슬릿과 스크린 사이에 진행하는 광자(운동량과 위치)의 궤적(trajectories)을 함께 추적하였다. 위치와 운동량의 궤적을 안다는 것은 코펜하겐 해석을 무너뜨리는 것이다. 물론 이 실험에는 수천 번의 데이터 수치들을 평균하는 과정으로 평균 궤적을 얻었지만, 결과는 스크린에 맺히는 간섭무늬와 잘 어울리는 놀라운 일치를 보였다.

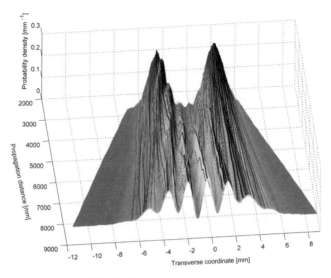

최근 사이언스 논문(영의 간섭실험 결과)

　한편 S. 호킹은 최근에서 이전과 같은 주장을 되풀이했다. 또다시 입자
(포톤)가 간섭을 일으키는 스크린에 도착하는 경로는 무한히 많고(=모르고)
이들을 다 합하는 역사합(혹은 경로합), sum over histories(=paths
=trajectories)를 취하면(경로들의 모름과 무관하게) 간섭무늬가 나온다. 그래
서 궤적의 합이란 무의미한 고로, 보른의 코펜하겐 해석이 옳으며 위처럼
궤적을 무시한 결과가 (랜덤하게 확률적으로) 얻어진다. 호킹이 옳은가? 하
지만 위 실험의 궤적은 파인먼을 들먹이며 호킹이 자주 강조하는 것처럼
와일드하지 않고, 거의 층류처럼 가지런했다. 더 많은 정교한 실험이 앞으
로 계속되겠지만, 결국 아인슈타인, 슈뢰딩거의 생각이 옳은 것은 아닌가
상상하게 한다. 파인먼의 '역사합' 개념은 사실 디랙에서 출발한다. 디랙
은 양자론 2세대(파인먼 포함)의 양자장론을 좋아하지 않았던 것을 우리의
신세대 이론가들이 기억해야겠다.

라이스대학교(Rice University)

소수정예 선진(명문)대학이 설립되고 발전하는 일례를 든다.

텍사스 대부호인 윌리엄 마쉬 라이스(William Marsh Rice)가 자신에게 부(富)를 가져다준 텍사스주 학생들에게 무상교육을 실시하려는 목적으로 1891년 세운 라이스대학교는 휴스턴시에 설립한 남부 명문 사립대학이다.

130여 년의 역사 중 설립 초기에 유명한 사건이 터졌다. 1900년 뉴욕 메디슨가에 독거하던 그를 오래 봉사하던 하인 존스(C. F. Jones)가 클로로 포름으로 독살하고는 신경과민으로 취침 중 죽었다고 위장하였다.

이미 1893년 라이스는 가깝게 지내던 변호사 베이커(J. A. Baker)를 유언집행인으로 정하고 유언장을 만들었다. 당시 라이스의 재산은 4백만 불 정도로, 절반은 대학 재단(Rice Institute) 설립에, 절반은 부인과 가솔들에게 상속하였다. 그러나 3년 후 부인이 별세하자 유언장을 수정하여 가족들에게 일부를 상속하고, 나머지는 대학 재단에 귀속시켰다(2021년 현재 대학 기부금은 총 81억 불).

수년간 전직 휴스턴 검사로서 부인 측에 붙어 있던 패트릭(Albert T. Patrick)이 그를 돕는다고 나섰지만 라이스는 신뢰하지 않았다. 속임수로 유언장을 조작한 그는 하인 존스를 꾀어 라이스를 독살하였던 것이다. 그러나 베이커가 이를 의심하여 조사 끝에, 결국 뉴욕 지방검사(District Attorney)의 수사로 둘은 수감 되었다. 패트릭은 사형 판결을 받았으나 6년 후 용케 빠져나와 1940년 74세에 죽었다. 존스는 방면되었으나 은둔생활 중 1954년 79세에 자살로 생을 마쳤다.

라이스의 사망 후, 라이스 재단 이사회는 1907년 프린스턴대학교 교수였던 로벳(Edgar Odell Lovett)을 초대 총장으로 임명하였다. 이는 당시 프린스턴대학교 총장이자 훗날 미국의 28대 대통령을 역임한 우드로 윌슨의 적극적인 추천에 따른 것이었다. 로벳은 남부를 대표하며, 향후 미국 학계에서 주도적인 고등 교육기관의 설립을 목표로 하는 청사진에 대해 이사회로부터 전권을 위임 받았다. 그는 학생의 수를 다소 줄이더라도 최고의 학자를 영입해야 한다는 방침을 세웠다.

라이스 사후 만 12주년이 되는 1912년 9월 23일에 개교한 대학은 12명의 교수진과 77명의 신입생(남학생 48명, 여학생 29명)으로 시작하였다.

1957년 남부 대학 중 최초로 영국 옥스포드대학의 기숙사 제도를 본 딴 '레지덴셜 칼리지'(residential college)를 도입했다. 신입생 거의 대부분, 전체 학부생 중 약 75%가 11개의 칼리지에서 생활한다(남부/휴스턴에서는 이 대학을 'Southern Havard'라는 별칭으로도 부른다).

1930년 엔젤(John Angel)의 라이스 조각상을 중앙 플라자에 설치하고, 그 아래에 화장한 라이스의 유골함을 놓았다.

1960년 종합대학으로 승격하면서 '라이스대학교'(Rice University)로 개명하였다.

1962년 존 F. 케네디 대통령이 라이스대학교 운동장에 운집한 군중 3만 5,000명 앞에서 우주인을 달에 보내겠다고 공언했다(그는 암살되었지만 최초의 달 로켓 아폴로 11호를 1969년 7월 21일에 발사하였다).

1964년 이후 흑인 학생이 입학하기 시작했다. 그 후 외국인 학생들도 받기 시작했다.

2019년 가을에 입학하는 신입생(Class of 2023)의 경우 17,728명의 지원자 중 11%만이 합격했다. 신입생 중간 50%의 성적은 SAT Reading: 700~790, Math: 720~800, Writing: 710~790이었다.

우수한 재정 지원과 연구 중심 대학으로 소수 정예, 우수한 교수진. 교수와 학생의 비율이 1 대 5로서, 상호 유대관계가 아주 밀접한 대학이다.

2019년에는 매년 미국 내 대학 순위를 발표하는 US News & World Report에서 19위를 기록하였다. 285에이커(여의도 면적의 절반 정도)의 캠퍼스에 약 60개의 건물이 있는 학교이고, 휴스턴 중심부에 위치해서 학생들이 쉽게 도시문화에 접할 수도 있다.

노벨상 수상자[남부 최초]

로버트 플로이드 컬 주니어: 1996년 노벨 화학상 공동 수상자 — 1954년 학사 졸업
  (나의 양자 전자 그룹은 항상 실험에 열성이던 그의 화학과 그룹과 랩을 공동 사용. 개인적으로 그에게서 많이 배움).

리처드 에레트 스몰리: 1996년 노벨 화학상 공동 수상자 — 화학 & 물리 천문학 교수.

로버트 우드로 윌슨: 1978년 노벨 물리학상 공동 수상자 — 학사 졸업(Bell연구소에서 1964년 우주 배경 복사 발견. 펜지아스Arno A. Penzias와 공동 수상).

공병호 박사와 대담(https://www.blog.daum.net/humanstory)

질문 1: 대학을 다니실 무렵의 상황은 어떠하였습니까?*

권오대: 1969년 대학을 졸업하기 1년 전 김신조 등 무장공비들의 1·21사태가 발생하였지요. 그 혼란 속에 ROTC 소위로 임관하고, 급히 강화된 훈련 후 전방에 배치되어 복무한 당시 미래는 암담했습니다. 과거의 6·25세대는 '죽음의 그늘이 선명한 피폐' 그 자체였고, 미래는 보이지 않는 사면초가의 갇힌 시대였지요.

지금 20대 청년들은 3포(직업, 결혼, 2세)시대다. 당시는 직업 따라 다름.

---

* 4장 "늦깎이 이승철과 MIT/EE 첫 한국인 Ph. D. 주덕수".

여성의 결혼은 흔히 실직 처리. 2세는 여성 실직. 노스웨스트 항공편이 주 1회 운항하던 당시* 유학의 모든 조건을 만족하되 항공운임도 가난한 유학생에게는 큰 부담이 되어서, 방학 중 요즘처럼 태평양 넘어 다니는 건 큰 사치였기에 떠나면 '학약불성 사불환'을 결심한다. 가족을 떠나 비행기로 들어가며 이슬방울이 고여….

벽에 갇힌 젊음은 필사의 탈출을 택했습니다. 서울공대 입학 후 방황을 거듭하던 끝에 선택한 탈출은 '취업'을 포기한 '미국 유학'이었습니다. 상급 학년에 들어서 고3처럼 공부에 몰입하였지요. 전방에 가서 틈틈이 공부한다고 마음먹었던 것은 꿈이었고, 전역 후 텅 빈 머리에 미적분 공식부터 다시 집어넣으며 '일촌광음불가경'의 처절한 시간 싸움을 벌였었습니다. 흘러가 버린 시간과 기억은 엄청난 손실임을 뼈저리게 느끼며 이 나라의 '병역'은 젊은 과학자에게 천형임을 두고두고 통탄하였습니다. 요즘은 이건희 장학금 등등… 당시는 부자가 아닌 한 진학할 미국의 대학원에서 장학금을 받는 것이 거의 유일한 길이었습니다.

질문 2: 그때는 해외 유학 자유화가 되기 전이라서 유학 가기가 힘들 때인데 어떻게 유학을 결정하셨습니까? 당시 미국의 상황은 어떠했습니까?

권오대: 나의 유학은 좀 무모한 모험이었습니다.** 사고무친의 땅 미국은 '촌놈'에게는 물질 문화 속의 충격이었고, 패전을 모르던 미국은 월남전 패색이 짙고 상당수 병역을 거부한 젊은이들이 캐나다 등지로 도피하던 '히피 문화' 미국 사회는 희망을 잃어갔습니다.

70년대 중반 '영장 소각' 사건들에 휘말린 미국은 결국 징병제 대신 모병제를 택했습니다. 박사 출신 환경미화원까지 보도되던 시절 방황하는 젊은 세

---

* 2장 "오 꿈의 나라 1 & 2".
** 2장 "오 꿈의 나라 1 & 2".

대의 유휴인력이 많았기에 모병제는 결국 정착되었지요. 유신 시대 한국에서의 미국 이민이 월남전 패망 여파로 더욱 증가하던 때였습니다. "공부 끝나면 귀국한다" 하면 주위에서 "머저리 같은 소리 한다"고 이상하게 쳐다보던 때였습니다.

질문 3: 라이스대학교에는 어떤 분야를 공부하셨습니까?

권오대: 과학자의 삶이 쉽지는 않았습니다. 휴스턴의 라이스대학에서 레이저 물리전자 분야를 택하였지요(랩을 같이 쓰던 화학과의 밥 컬 교수는 한참 훗날 스몰리 교수와 노벨상 수상). 당시는 대학 연구가 주도되던 레이저 분야가 전공인 까닭에 정규 구직은 유학생 신분으로 더욱 어려웠습니다. 순수물리에 가까운 것에 산업체란 것이 드물었기에 거절 편지들을 많이 받고 좌절감도 심했습니다.

사는 것이 묘합니다. 그래도 내가 택한 전공을 바꾸지는 않고 버티던 것이 먼 길에는 견디는 힘으로 작용하게 되더군요. 병역이란 구덩이를 헤매며 작업 능력을 많이 잃고 살다 보니 직업상 다양한 병기들은 늘었나 봅니다. 그 과정에 코넬대 연구 그룹에 들어간 것이 사막의 오아시스였습니다. 그곳 생수를 실컷 먹는 시간은 좀 희생되었습니다만.

질문 4: 유학 시절 동안 공부하던 이야기를 좀 해 주시기 바랍니다

권오대: 석·박사 연구 시(PC, 인터넷이 없던 때) 도서관에서 수많은 논문을 접하고 읽었습니다. 당시 내 눈이 가던 논문들이 '임계현상'이란 통계물리 분야인데 유명 논문 저자들 3~4명이 다(뉴욕주 이타카) 코넬대학교 교수들이었습니다. 이들이 세계적 상황을 손금 보듯 훤히 꿰면서 연구학파를 앞장서 이끄는 것이었습니다.

그 중 위돔(B. Widom)이란 교수에게 편지를 써보았지요. 천우신조! 답장이

왔습니다. 라이스대 지도교수가 동의해 주지 않아 미국에서 중요한 추천서도 못 받고 결국 코넬에 가고 말았습니다. 1982년까지 4년 동안 위돔 교수와 함께한 기간은 나의 학문이 꽃피던 때였습니다. 석·박사과정 중에 게재했던 논문을 보고 위돔 교수가 긍정적인 답을 준 것이 나의 삶터가 되었습니다. 사실 위돔, 피셔, 윌슨 등의 코넬 그룹은 통계물리 학계의 메카였습니다. 그 그룹의 윌슨(K. Wilson)이 마침내 1982년 노벨물리학상을 수상하였지요. 윌슨의 노벨상 수상 과정은 흥미롭습니다. 그는 히피 세대였으나 캘텍에서 학위 연구에 집중했습니다. 저녁 후 숙소로 귀가하는 길엔 항상 친구와 수학·물리 문제들을 주고받고 걸으면서 푸는 거였지요. 그는 코넬대학 물리과 조교수로 부임했는데 한때 논문 부족으로 쫓겨날 위기에 몰렸습니다. 코넬 물리학과장의 문의 전화에 "조금만 더 두고 보자"라는 (윌슨의 지도교수) 캘텍의 '겔만' 교수 의견이 존중되었지요. 1년 후 1971년 피지컬 리뷰에 윌슨의 논문 2편이 게재됩니다. 20여 년째 세계의 많은 학자들을 괴롭히는 '임계현상'(critical phenomena) 문제를 위돔이 풀어보라고 제안했는데, 윌슨이 '재규격화'라는 입자이론을 동원하며 결국 그걸 해결한 논문이었습니다. 한편 동료 교수 피셔는 정교수이지만 한발 늦게 비슷한 방법으로 논문을 수십 편 쓰는데 그는 예부터 통계물리 분야의 거장이었습니다. 하지만 1982년 노벨상은 윌슨에게만 수여되었습니다(위 에피소드가 함축한 뜻). 노벨상 수상 대상자가 2~3명 혹은 대여섯이 넘을 수도 있는 실제상황에서 논문 숫자가 아닌 '원천성'을 따져서 결정한 것임을 주목합니다. …

호반의 아름다운 코넬 캠퍼스

(https://t1.daumcdn.net/cfile/blog/27679C37568A3E7B14?original)

질문 5: 1983년에 미국에 간 저도 문화적 충격이 컸는데 당시만 하더라도 한국과 미국 사이에는 생활 수준의 격차가 엄청나게 큰 시절이었을 것입니다. 공부 외에 문화적 충격 같은 것을 느꼈거나 지금도 생생하게 남아 있는 에피소드 같은 것이 있으면 들려주시지요.

권오대: 문화, 공부 환경과 전공 조정 등의 기간에 혼란스러웠는데 얼마 후 접시 닦기라는 알바를 밑바닥에서 여름 방학 동안 해보면서 사회생활에 대한 자신감을 얻기 시작했지요. 고생스러운 경험은 사람에게 이상하게 삶의 힘을 줍니다. 그곳은 토요일 하루 매상이 리커(위스키, 와인, 맥주 등)로만 2~3천 불 오르는 곳이어서 접시들을 기계로 씻으면 못 따라가요. 뉴욕 맨해튼의 레스토랑인데 건장한 흑인이 하던 걸 물려받아 했는데 처음은 힘들더니 일단 일을 파악하니 나중엔 여유도 생기더군요.

질문 6: 코넬대에서 연구하는 동안 특별한 일은 어떤 것이 있었습니까? 지금도 생생하게 떠올릴 수 있는 이야기가 있는지요?

권오대: 80년대 세계를 풍미한 베스트셀러 『혼돈으로부터의 질서』(*Order out of Chaos* 국내 번역본, 2011, 자유아카데미)의 저자이자 1977년 노벨상을 받은 프리고진 노벨리스트(I. Prigogine) 교수와의 인연입니다. 그와의 운명적인 만남은 코넬의 특별한 기억입니다. 일반화한 랑주뱅 동력학 방정식이란 것에는 기억함수란 인자가 있는데요. 확산, 점성 등의 역학 계수가 상수가 아니라 찰나적인 시간의존성을 가진다는 표현 방식입니다.

코넬 재직 기간에 혼자 고민에 빠진 채 정리하지 못한 '기억함수' 공식이었는데요. 될 듯 말 듯 함수의 모형이 신기루처럼 눈앞에 어른거리던 것이 어느 날 밤 갑자기 꿈에서 풀리고 있었습니다. 꿈에서 깨어나 계산을 계속하니 과연 풀리는 거였습니다! 이것은 무한차수까지의 비선형 시리즈 함수로 전개되는 역학함수입니다. 수리이론의 대가인 피셔 교수에게 논문을 보였더니 프리고진의 연구를 참조하길 권하더군요. 바로 옆에 연결된 순수과학도서관은 좋았습니다.

대형 종합도서관으로 멀리 갈 필요가 전혀 없도록 필요한 장서가 다 구비되어 있었지요. 거기엔 옛날 파인먼(Feynman)의 육필 원고도 짜릿하게 만날 수 있었습니다. 논문들을 찾다가 프리고진의 『비평형 통계의 단행본』(*Non-Equilibrium Statistical Mechanics*, John Wiley & Sons, New York, London, 1962)을 발견했습니다. 그것은 역학의 변수들을 기초부터 쌓아 올린 연구로서 '파인먼 도식'을 이곳저곳에서 휘두르고 있었습니다. 입자들의 다중산란 문제를 뿌리부터 태클한 것을 언뜻 보면 호미로 막을 구멍에 중장비를 들이댄 꼴이지요. 프리고진의 학문 업적이 이렇게 복잡하여서 이해하지 못하는 학자들에게 오해를 낳기도 했습니다.

그의 책 후반부에서 나는 깜짝 놀랐지요. 아~ 내가 꿈까지 꾸면서 유도한 기억함수 공식 비슷한 것이 나타난 겁니다! 나의 기억함수에 해당하는 것을 프리고진은 '분해연산자'(resolvent operator)라고 정의했는데요. '파인먼 도식'이 세상에 나오자마자 1960년 전후 분자운동학에 바로 적용한 철저한 통계물리학자 프리고진이었습니다. 그는 분자들 차원에서 파인먼 도식의 다중산란을 계산한 항들을 모두 합하였으니, 역학변수들 속살이 전부 분해 또는 해체된 모습이어서 그렇게 정의한 모양입니다.

그렇게 고심의 시간을 보낸 나는 뛸 듯이 기뻤지요. 문제는 있었습니다. 실험가들은 복잡한 이론을 이해할 수 없어 고민인데, 마침 복잡성을 내버리고 대충 '1차 응답' 항으로만 꿰어 맞추는 약식법이 나와 좋아했습니다. 물리적인 의미를 무시한 꼴이지만 실험가들은 이렇게 편한 길을 택하고 대부분 골치 아픈 프리고진 방식을 피하였습니다. 이런 가운데 나의 공식을 본 프리고진은 깊은 관심을 표했습니다. 하지만 나는 직업을 따라 다른 길을 걸어야 했습니다.

질문 7: 이후에 프리고진 교수와 인연이 계속 이어졌는지요?

권오대: 15년이 흐른 1996년 여름 신문을 보고 놀랐습니다. 프리고진 교수가 내한하여 연세대 100주년 기념 강당에서 대한화학회 50주년 기조 강연을 한다는 소식이었지요. 어렵사리 연락이 되어 서울에서 15년 만에 뜻깊은 만남이 이루어졌습니다. 그는 내가 그 연구를 하는지 물었지만 죄송했습니다. 프리고진 교수는 내년에 포항공대를 방문하겠다고 하여 놀랐습니다. 내년에도 학회가 계획되어 다시 서울을 방문할 때 그리하자 하였습니다. 무척 기뻤지요. 15년 만의 첫 만남이 이렇게 이어지다니! 프리고진 교수는 벨기에에 돌아간 후 자기 논문들을 한 보따리 보내왔습니다. 그 연구를 접은 지 오래인 나는 석사과정 한 명이 높은 에너지 상태의 전자운동을 계산하도록 해서 낸 못난 논문이라도 보내드렸습니다.

정말 1997년 여름에 부부가 오셔서 2박 3일을 함께 계셨습니다(박스들 전사진). 대학에서는 "Chaos 심포지엄"을 개최하였고, 교수들과 함께 노벨동산에서 기념식수도 하였습니다.

다음 해 1998년 아시아에서 최초로 개최된 "제21차 국제 솔베이학회"(일본 나라현)에 프리고진 교수가 초청해 주어 한국인으로 참석한 나도 기억함수 세미나를 잠시 하였습니다.

하지만 프리고진 교수가 대수술 후 많이 수척해진 모습으로 참석한 것이 몹시 안타까웠습니다. 더욱 불행한 것은 2003년 타계한 프리고진 교수를 98년 이후 다시 뵙지 못한 것입니다. 언제든지 벨기에를 방문하라는 그분의 말씀을 지키지 못한 것은 소심한 나의 어리석음이었습니다. 더욱 안타까운 것은 그렇게 기대해 주신 나의 기억함수 연구를 더 추진할 여유를 아직도 갖지 못한 것입니다.

지/사/대 이야기

"대학들이 쓰러지고 있다. 춘삼월 벚꽃 지는 남풍을 타고."

국립과 사립을 따로따로 사실대로 추적하여 본다.

국립대학

국립대 총장들이 3월 30일 오후 서울 여의도 G호텔에서 대통령직인수위원회(인수위)에 서울대 수준으로 지역거점대학을 육성하는 국립대학법 제정 등을 제안한 '2022 제1차 고등교육 정책포럼'을 열었다.

포럼에서는 '윤석열 정부의 고등교육정책 방향'을 주제로, 국립대 총장들과 김병준 인수위 지역균형발전특별위원장 간의 간담회 진행으로, ▲ 국립대학법 제정 ▲ 지역인재 채용의무제 확대 ▲ 국·공립대학 무상 등록금제 시행 ▲ 지역 연구개발(R&D) 재정 강화 등 4대 정책을 인수위에 구체적으로 제시했다.

특히 국립대학법 제안은 (경희대 김종영 교수의) '서울대 10개 만들기'로 요약된다. 현재 서울대의 3분의 1 수준인 거점 국립대 학생 1인당 교육비를 끌어올려 거점 국립대를 연구 중심 대학으로 육성해야 한다는 주장이다.

책임질 위치는 아닌 인수위의 김 위원장은 "공공기관만으로는 지방대가 살아남기 힘들다"며 "기업과 지방 정부, 대학이 클러스터로 협업해 지역 인재를 양성해 나가도록 재정도 재구조화할 생각"이라고 말했다.*

위를 더 줄이면 "투자금을 더 달라. 이렇게 할 테니 돈을, 저렇게 할 테니 돈을 더 달라"는 것이다. 이렇게 저렇게 국립대들이 발전하겠다고 한다. 매번 손을 벌리고 정부는 자금을 떼주고, 그렇게 대학과 정부는 균형점을 찾아 머물다 지나간다. 총장도 지나가고 정부도 지나간다.

얼마 전 이러한 현실을 조금이나마 바꿔보려는 노력의 일환으로 김종영 경희대 교수의 '서울대 10개 만들기' 방안이 발표돼 화제를 일으켰다(지방의 9개 거점 국립대에 서울대 수준의 대규모 재정을 투입한다는 방식). 그런데 이것을 읽고 희망보다는 부정적 생각이 먼저 든 것이 사실이다. 명문대 숫자를 늘린다고 해서 대학 간 서열화나 격차가 완화되고, 대입 경쟁이 완화되는 효과를 가져오지 않을 것 같기 때문이다. 집중 투자를 받은 거점 국립대만 좋아질 뿐 투자를 받은 대학과 받지 못한 대학에 새로운 격차가 생기고 또 투자 대상에서 제외된 사립대들의 반발이 매우 심하여 시행되는 데 있어서 많은 어려움이 있을 것이다.**

구체적 완화 방법 제시는 아니다. 위에 피력한 부정적 생각이란 집중 투자 격차 발생과 반발을 걱정한 것이다. 서열화는 불가피하지만 서울 중심에서 지역으로 확산은 아주 중요하다.

---

* 신영경, 「조선에듀」 2022. 03. 31.
** 이승환, 「대학저널」 2022. 04. 07.

사립대학

이상은 지역 거점 국립대학들의 여유로운 얘기다. 악화일로의 대다수 사립대학이 등록 학생 급감의 절박함을 겪는 현재, 어떤 쓰나미가 장래 닥칠지 몰라도 당장은 국립대학들은 그런 걱정이 없다.

필자는 당장 걱정 없는 거점 국립대들을 놔두고, 벚꽃 피는 순서대로 망할 지방사립대학들을 대상으로 여유가 없는 글의 화살을 당긴다. 보이는 눈에만 보이는 생사의 기로에 놓인 사립대가 누런 삼베옷을 입고 통곡하는 장례 행렬 모습을 본다.

終身之計 莫如植人也 종신지계 막여식인야
일생의 계획으로는 사람을 심는 것과 같다. _관중

(곡식은 매년 심고, 나무는 10년이면 크게 얻는데,)
사람은 중요한 평생교육으로 나라 발전의 중심에 서니
소위 '백년지대계'란 무엇이겠는가?
이것의 핵심은 선진국 건설을 위한 꿈같은 대역설이다.
이제 우리는 이 역설의 꿈을 직시하여 전진한다.

암울한 사립대 사태는 겪어본 적 없는 위기임이 분명하다. 지난 수년간 쌓이는 사례들에서 누적된 문제들 해부를 1부에서 시작한다. 이 위기를 분석하되 정면승부를 택함으로써 지방사립대학들은 패하지 않고 '성실한 승리'를 쟁취해야 한다.

역설적인 승리를 바라보자. 승리는 선진 대학의 나라를 향한 발돋움이며, 바로 대학의 선진화가 될 것이다.

동쪽에서도 서쪽에서도 선진 대학을 하나둘 키워내 교수들과 학생들이 선진 일꾼들은 되어, 우리가 가본 적 없는 선진 사회의 밑거름이 된다.

그 의미를 이쯤에서 성찰하기 시작한다. 이 과업은 지역별로 거점 지방사립대학 건설을 위한 대학, 교수, 학생이 조직체를 결성하여 국가 경영 지도하에 추진한다. 여기에 필요한 경비는 국가 재정이 아닌 것도 자세히 설명한다(지방사립대학 계획은 국립대처럼 국가 재정을 공개적으로 요구하지 않는다).

이 길을 구체적으로 보일 방법은 허황된 장밋빛 청사진이 아니다. 포항공과대학교의 실체적 진실의 경험을 한 올 두 올 짠 과업이다. 해외의 선진 대학의 예로는 미국 텍사스주 휴스턴대학교, 라이스대학교의 탄생과 발전을 끝에 첨부한 자료(부록)에서 참조하도록 제시하였고, 이제 다음 장으로 나아간다.

벚꽃 피는 순서대로 망할 암울한 대학들

대학들이 죽는 아우성은 모깃소리인데 숨결만은 거칠다. 산다고 살아 온 것이 멈추는 때의 숨결이 쉰 목을 타고 멎는가, 거친 삶이 몸을 떠나는 가. 하루가 멀다 하고 보도되는 거친 숨결들이다.

한편 신나는 궤적을 그렸던 포항공대였다. 「아시아위크」(*Asia week*, 1998. 5. 15.)는 1998년 "아시아 베스트 유니버시티"로 인도 IIT(65.24), 싱가포르 의 난양공대, 도쿄 과학대 등 아시아 정상급 이공대들 앞에 포항공대 (75.53)를 놓았고, 종합대학으로 도쿄대(74.14), 도호쿠대, 교도대, 홍콩대보 다도 점수가 높았다. 「시사저널」은 이 뉴스를 필두로 "21세기 '한국의 빛' 포항공대"라는 타이틀의 특집을 실었다.

벚꽃 피는 순서대로 망할 혹은 잔류할 대학들의 엇갈리는 단·장조 가락을 함께 하나의 오선지에 옮기는 동시에 가상 현실이 아닌 포항공대 의 실제 4반세기 현실들은 무슨 가락인지도 따져본다.

이 글은 포항공대 내부 보고서다. 드러내고 싶지 않은 '불편한 진실'들 의 아픈 것도 그대로 다루었다. 자랑할 것과 부끄러운 것들을 함께 관찰하 는 시선으로 분석함으로써 가혹한 비판을 넘고 새로운 대안을 준비하는 회생의 길을 찾는다.

그러면 벌 받은 대학의 울음소리, 대학벌곡(罰哭)에서 무엇들이 나올 것인가? 거기서 새로운 21세기 역선택 방정식이 대학의 암울한 급사 상태를 응급 처치, 선진 대학별곡(別曲)이 우렁찬 희망의 고동 소리를 내며 험난한 파도를 싸워낼 것인가?

지방대학들의 단말마적 고통은 암병원 수술대에 누운 중환자의 신음이다. 중환자들은 결국 암에 정복된 주요 환부들을 제거한다. 대체 방도가 없는 유일의 장기가 멎으면 끝이다. 가용한 인공장기로 응급 대치가 이뤄지거나 혹은 전국 어디선가 기증된 장기의 급송과 이식 수술로 구사일생의 길을 연다.

최근 메릴랜드 의료센터는 돼지 심장의 인체 이식이란 신기원까지 도달했다. 1964년 제1회 전국수학경시대회 장원한 나의 대학 동기 안중걸은 어머니의 신장을 받아 10여 년을 더 살았다. 포항공대 동료 중 점심 친구 임기홍은 연구의 죽살이로 퀄컴 창립자 제이콥스상을 2014년 수상하고 2년 만에 요절하였다. 광반도체 수업을 열심히 하던 학부생 제자는 초창기에 갑자기 생을 마감하고, 어느 여학생은 졸업 전 뇌종양으로 요절하고, 우리의 김호길 학장(초대 총장)은 회갑 후 1994년 4월 30일 심장마비로 별세했다.

포항공대에 이래저래 얽힌 영혼들도 깊은 상처를 입고, 현대 의술은 최선을 다했다. 대학들도 위처럼 회생과 희생 사이에서 오르내린다. 아래에 인용하는 다섯 가지 예는 희생의 제단에 피를 뿜은 문제 대학 모습이다. 더욱 상세한 다섯 가지 비극의 내용은 끝부분 박스에 있다.

① 정리하고 나가려고 해도 퇴로(退路)가 없다(영남 C대 보직 교수는 어느 대학이든 발 한번 잘못 디디면 벼랑 아래로 떨어진다고 했다. 지난 2013년부터 한 교육부 '대학 구조조정'은 아직 헛일이다).
② 대학을 더 만들자는 논리에 △교지 △교사 △교원 △수익용 기본재산으로 '대학설립대학설립준칙주의' 만족, 2011년까지 60여 개 대학이 생긴다.

③ 카이스트, 포항공대, UNIST 등 지방의 연구 중심 대학들이 여전히 경쟁력을 유지. 그러나 '서울 집중 현상'을 감안하지 못한 이상적인 대안이다.

④ 지금 대학 교육 현장은 비명 없이 처참하다. 실험 실습과 토론, 동아리 활동, 국제 교류, 동료나 다른 교수와의 깊은 대화는 더 이상 없다. 넓고 깊은 사고 능력을 줄 대학의 존재 이유가 훼손. 평생에 미칠 영향이다.

⑤ 청산 재산은 설립 주체에게 적정 수준으로 반환하고, 각종 청산 비용으로 활용하게 해야 한다. 일부에서 사회적 합의가 이뤄지지 않는다.

지/사/대 문제의 핵심은 '대학설립준칙주의'이다

— 대학벌곡罰哭과 대학별곡別曲 사이의 루비콘 준칙주의*

문제의 출발

앞 장 ②의 △교지 △교사 △교원 △수익용 기본재산 '대학설립준칙주의'는 팽창해버린 우리 대학들이 설사를 쏟아내는 '대학 암' 덩어리를 만들었다. 대학 암이 발병한 첫 원인은 '학생'의 존재 문제이다. '학생 수'가 아닌 '학생'의 문제가 포항공대에도 등장하는 것을 볼 것이다. 대학을 세울 교지에 교사를 짓고 교원만 있으면, 개교일에 학생의 존재까지는 필요 없다. 개교 후 학생모집을 하면 되니까. 이렇게 편리한 준칙주의에 무시된 학생이 결국 대학 암을 일으키는 한 요소가 되었다. 요즘의 정보화 투명 사회에 학생을 주요 파트너로 삼는 것은 당연하다.

또 ③처럼 카이스트, 포항공대, UNIST 등 지방의 연구 중심 대학들은 강력한 경쟁력을 대표한다. 이것이 정말 가능한 얘기인가? 카이스트는 박정희 시대 교육부에서 독립한 과학기술 주체임을 다들 잘 안다. UNIST는 노무현 시대 2006년 교육부에서 황지현 추진단장이 임명되며, 그는 국립대학법(2007년) 제정, 2009년 울산과학기술대학교 입학생을 뽑으며 임무

---

* 대화체 문장 사이의 대구(對句)는 공방전 중 우문현답 같은 대화들이다.

를 다하고, 2년 후 지병으로 30년 교육부 공무원 삶을 마쳤다. 해당 기간은 이명박 정부 시대로, 2007년 이미 내정된 조무제 총장이 8년간 이끌었고, 박근혜 정부에서 2015년 '울산과학기술원법'이 공포되고, 과학기술원으로의 전환이 확정되었다. 9월 UNIST(울산과학기술원)로 출범, 2015년 10월 12일 개원식이 치러지면서 첫 울산과학기술원 정무영 총장(그는 포항공대에서 2009년 이직, 부총장직을 6년간 역임하였다)이 4년 동안 가속 발전시켰다.

이상과는 다르게 자세히 다룰 포항공대는 순수 지방사립대학이다. 여기서 당장 부정적 반론이 제기될 것이다.

오늘날 지방사립대학 형편과는 천지 차이이다! 대학 암 환자의 지경을 헤매는 지방사립대학에 무슨 얼토당토않은 헛소리인가?

나는 위에 대항하는 재반론의 가능성을 찾아간다.

지금 갈 길은? 위에서 본 진단들처럼 대학 상황이 심각하고, 물론 처방도 심각하다. 인구 감소의 영향이 대학을 직사포로 눕힌다. 하지만 정성을 쏟고 창의적 땀을 흘리고 기를 다 모은다면 멋진 대학으로 재탄생이 가능하다.

말이 그렇지, 쉬운 일인가?

앞이 안 보이는 지방대학은 해를 거듭한 절망으로 무너질 듯하다! 그렇지만, 그런 지경이라도! 칠전팔기의 아픔 후 명성과 전통이 새싹처럼 피어날 수는 없을까?

예시한 다섯 비극으로 총장들이 사퇴하는 마당에 백설 공주 동화를 읊조리냐? 퇴진을 거듭하는 지방사립대학들의 모습이 이렇다고 주저앉으면 사실 일어날 수 없다. 재탄생하려면 재탄생하겠다는 의지부터 꺾이지 않아야 가능하다.

준칙주의 항목이 △교지 △교사 △교원 △수익용 기본재산이다. 교지, 교사는 존재한다. 교원? 낙망 중이다. 날아가는 등록금에 의존하는 기본재산을 붙들어? 이래서 절대 안 되는 것이다!

그래서 주저앉으면 끝이다. 하늘이 무너져도 솟아날 구멍을 찾자.

"없다!", "있다!", "없다!", "있다!", "있다!", "있다!" ….

서편제는 냉대받던 소리꾼의 삶과 한을 섞어 짠 소리 드라마다. 소리꾼 유봉은 도망치지 못하게 할 요령으로 양녀 송화의 눈을 멀게 하고 소리를 가르친다. 유봉이 죽으며 사죄하고 송화는 양아비의 뜻을 좇아 한을 초월한 삶에 순응하며 끈질기게 득음의 길을 따라 암울한 삶을 산다.
　여인은 해산하는 고통을 견딘다. 지금 대학은 진통하는 여인이다. 극복하지 않으면 생명이 없다. 학생이 떠난 지(방)사(립)대(학)는 온갖 고통에 헤맨다. 칠전팔기 아픔의 과정 후 지/사/대는 득음의 길을 찾는 명창이 된다.

"그런 기적을 바라는가? 송화의 눈은 멀었고 우리네 과거에는 뒤돌아보던 눈만 있었다."

"사는 곳이 암울하고 캄캄한 동굴에서 좌충우돌하는 그림자를 넘어 희미한 빛의 고향으로 눈을 뜨며 플라톤적 대학의 미래를 보아야 한다!"

1986년 포항공대는 예정된 드라마가 아니었다. 미국 박사 셋만 데려다 1년만 포항에 붙들어 놓으면 술을 크게 사겠다고 빈정거렸던 유명한 얘기는 당시 귀국한 우리의 간담을 서늘하게 흔들어대고 있었다. 한국의 신흥 대학들이 그런 이변을 보일 것이라고 떠들던 몇 번의 실패한 과거 사례들에 국민은 이미 익숙했다.

그들이 엉터리 홍보에 속겠는가? 유명대입학원에서는 포항공대에 흥미를 가진 학생들에게 "아서라. 거긴 선배도 없고 후배도 없을 곳이다!" 한다.

그런데 포항공대는 우뚝 솟았다. 600만 불 연구 장비들 덕에? 홍보로 포장했던 저명 중진 교수들이 많았기 때문에? 또 멋진 △교지 △교사의 좋은 환경이었기에?

아니다! 믿음직한 중진 교수들 덕을 조금 보긴 봤다. 운이 좋은 학과에는 가물에 콩 나듯 그런 중진 교수가 있었다. 대부분은 그렇지 못하였다.

"기적은 아니었다. 젊은 교수들 땀으로 열매를 스스로 가꾸어내며 쌓은 소금기에 젖은 삼립빵이었다. 결과적으로 정리하매 저명한 중진 교수가 없던 학과들도 잘 성장했던 걸 보면 중진 교수의 지도보다는 젊은 교수들의 상호격려와 노력이 핵심이라 하겠다."

교원·학생·기본재산, 삼립에 포항공대는 특별하였던가?
그렇기도 하고 아니기도 하다.
[기본재산] 항목은 후에 다룰 것으로 지금 생략하고, [교원], [학생]의 두 항목을 먼저 살피면, 위처럼 거액 투자로 가시화한 '연구 중심 대학'을 실현하려는 교수들의 신선한 공동 노력이 당시 '오고 싶은 대학'에 목말랐

던 학생들의 바람과 부합하였다. 학생들은 눈을 번쩍 뜨고 부모를 설득하고, 학원과 학교 선생들을 우회하며 '오고 싶은 대학'으로 모였다. 입학한 학생들이 지도교수와 대화 중 마음속에 고여 있던 얘기들을 그렇게 풀어 놓았다. 학생들의 기능이 대학에 어떤 모습으로 표출되고 반영되느냐의 실상은 앞으로 전개될 역사 부분에서 끊임없이 나타난다.

아니기도 하다는 뜻은 무엇인가? 지/사/대가 일어설 희망이 그 응답에 숨어 있다!

『이런 교수는 대학을 떠나라』(1995); 『서울대의 나라』(1996); 『대학이 망해야 나라가 산다』(1999).

"이런 책들이 우리에게 Y카드를 내밀었다. 21세기에 담긴 지금은 R카드이다. 방심의 25년 후 퇴출~"

"그러나 대학은 옐로, 레드카드의 풋볼이 아니다. 적색으로 나가지 않고 푸른 신호를 향해서 다시 격하게 뛸 수 있다!"

이제 옛날 대학은 없다고 생각하자. 학생은 어찌 올까? 후줄근한 배경의 학과로 올까? 아니다! 이미 그들은 흩어져 사라지지 않는가! 해산의 진통 후 푸른 신호를 꼭 보인다면 학생은 혹시 올까? 희망이 보이는 '오고 싶은 대학'에, 푸른 신호를 깜박이며 동굴 밖 플라톤의 빛이 나는 학과에는 학생이 하나둘 찾아올 수 있다.

포항공대는 소수정예였다! 한명 한명의 마음을 얻을 수 없다면 포기다! 지금은 일제강점기가 아니다. 참혹한 6·25시대도 아니다. 586들이 웅크

리던 때도 아니다. 학생과 교수 사이 1:1 신뢰 관계가 트고 창의적인 연구의 대학이 태어난다. 그렇지 못한 대학은 문이 열리지 않을 것이다. 대학! 어떤 모습이어야 존재할 것인가를 더 밝혀내자!

1986년의 포항공대가 항상 정답도 아니다. 1990, 2000년대 이후 대학역사가 어떻게 변했는가? 여러 대학이 포항공대를 넘으려고 용트림을 했고 뛰어넘기도 했다. 90년대 이후 잠룡 대학들이 성장의 땀을 흘렸다.
진통의 역사는 쉽게 이루어지지 않는다. 그러나 겪어야 할 장애물 경주다. 이 경주에 성공하는 대학들이 명실상부 선진국의 꿈도 펼쳐줄 것이다.

선진국? 맞아! 선진국이다! 지금 우리의 비극은 선진국이란 한 줄기 빛을 동굴에서 찾는다! 정말로 교육은 百年之大計!! 우리는 새로운 동굴 밖 세상으로 내던져졌다. 대학의 백년지대계도 함께 내던져졌다.

해결책 ③의 포항공대 성공의 경우 굽이굽이 전개된 환경 속에 명암을 볼 것이다.
포항공대의 성실한 교수라면 선진국 교수들과 별 차이가 없다. 그들과 어깨를 나란히 연구한다. 학생들과 땀을 나누며 어두움을 밝힌다. 그들같이 쓴 논문을 우리도 쓴다. 앞에 인용한 「시사저널」 특집을 인용한다: "유학해서 치열한 경쟁을 극복한 사람들이고 보면, 포항공대의 야행성은 어쩌면 사필귀정인지 모른다. … 「중앙일보」가 1996~1997년 1백22개 대학을 상대로 다섯 부문을 종합 평가한 결과, 포항공대가 연속 1위를 차지했다. … 96년 국내외 발표논문 1인당 6.3건 기록은 영국 명문 버밍엄대학의 4.2건을 앞지른 것이다. … 세계의 학자들은 SCI(과학 인용 색인)에 실린 논문을 인용한다. 96년에는 포항공대의 논문 340건(1인당 1.6건)이, 97년에는

442건(2.2건)이 SCI에 실렸다. … 연구비를 수탁하면 교수는 학교에 보고하며, 연구비는 자동으로 중앙 관리 된다. … 연구비 일부는 연구 참가 학생에게 지급된다. 대학원생은 전원 등록금 면제와 생활비 보조 혜택을 받는다. 반은 학교 재정으로, 반은 담당 교수의 연구비로 충당한다. '연구보조원'이 아니라 '공동연구자'라는 개념에서다. 포항공대의 초기 명문대 정착에는 당연히 600만 불의 빛이 필요했다. 그 빛에 동굴 밖으로 끌려 선진 대학으로 달려갔다."

"지/사/대 교수들도 그렇게 성실하게 학생들과 통하면 선진 대학 하나를 일구는 것이다. 다른 곳의 교수들도 선진 대학 하나를 만든다. 어찌하더라도 가능한 빛을 선진국에 비춰야 산다. 여건들이 좋지 않다고 멈추면 죽는다. 젊은 교수들이 힘내고 뭉쳐서 선진국 대학을 창조하려는 길에 모두 나서지 않으면 죽는 것이다."

"지금의 고난은 선진국 설계를 앞둔 아픔이다. 우리의 대학들이 선진화하고, 배출되는 사회의 일꾼들이 선진화하면 그 사회는 선진 사회이며, 우리는 선진국이다. 거점 지/사/대는 선진의 발판이다! 그렇게 중요하다!"

포항공대처럼 만들 수 있나? 비슷한 모델을 만들 수 있다. [교원·학생·기본재산] 삼립에서 남은 바 기본재산이다.

"지갑이 비었는데 무슨 희망을 찾아? 포항의 포철이 전국에 널려 있지도 않다. 그렇다. 600만 불은 100억 원으로 되는 것이지만, 경우에 따라 천억 원도 필요할지? 기본재산 지갑을 채우기가 쉽지 않다."
"예산 싸움에 살벌한 정부가 선뜻 줄 큰돈도 없을 것이다. 정부에 기대면 실패다. 그럼 다른 길이 있는가? 국민이 세금을 모아서 주는 일도 없겠다."

만악의 근원 '대학설립준칙주의'

지/사/대 비상사태에 최근 변수가 등장했다: 이제 [기본재산] 항목을 등장시킨다(뒤의 박스 ⑥, ⑦, ⑧, ⑨ 참고).

⑥, ⑦은 지/사/대 사태 악화를 보도하고 ⑧, ⑨는 이필상 교수의 퇴로정책, 서울대를 비롯한 주요 상위권 30~40개 대학의 학부를 폐지하고 대학원화로 연구 수준을 높이는 방안을 제시했다. 학부생들은 지/사/대 책임으로 한다(조영달 서울대 교수).

---

1. "벚꽃 피는 순서대로 대학 망하는 건 옛말, 한 번에 우르르 무너질 것"

_ 김연주. 「조선일보」 2019. 5. 24.

최근 서울의 한 대학에 다른 지방 사립대 관계자들이 잇따라 찾아왔다. 재정난 때문에 학교 운영이 힘드니 자기 대학을 인수해 달라고 제안하러 온다. 대학들이 이 지경에 이른 것은 10년 넘게 등록금이 동결됐고, 저출산으로 학생 수가 크게 줄어… 수십 개 대학이 도산 직전에 있다.

영남 A대 법인 관계자 어렵게 신입생을 뽑아놔도 1년에 수백 명씩 다른 대학으로 간다. '벚꽃 피는 순서대로 대학들이 망한다고?' 한꺼번에 우르르 간다.

호남 B대 총장 지난해 정부 평가에서 하위 40%로 분류돼 참담했다. 그런데

얼마 전 재평가에 열심히 준비했는데도 또 떨어졌다. 인근 고교에 가보니 매년 한 학급씩 학생들이 줄어들더라. 정리하고 나가려고 해도 퇴로(退路)가 없다.

영남 C대 보직 교수 금년부터 어느 대학이든 발 한번 잘못 디디면 벼랑 아래로 떨어진다. 교육부는 지난 2013년부터 '대학 구조조정'을 추진해 왔지만, 실적은 지지부진하다. 지난 2000년 이후 지금까지 문을 닫은 대학은 16곳뿐이다.

지난 2016년 20대 국회에 들어서도 비슷한 내용의 '대학 구조개혁 촉진 및 지원에 관한 법률안'이 발의됐지만, 여전히 국회 계류 중이다.

2. '텅 빈 대학' 만들어낸 '교육부 선배님들'은 어디에

_ 임우선, 「동아일보」 정책사회부 차장. 2021. 5. 22.

"어떻게 보면 선배님들이 후배들에게 너무 큰 짐을 남긴 거죠. 이건 뭐 방법이 없잖아요." 대학에 갈 학생 수는 하염없이 줄어드는데 대학만 남아도는 현실을 두고 교육부 관계자가 한 얘기였다. 그가 말한 '선배님'이란 1996년 당시 김영삼 정부 기조에 발맞춰 일명 '대학설립준칙주의'(준칙주의)를 도입했던 교육부 관료들을 지칭한 것이었다. 준칙주의 도입 이전 국내에서는 까다로운 인가를 거쳐야 대학을 세울 수 있었다. 하지만 "산업계에 대졸 인력이 부족하고 재수, 삼수생이 넘쳐나니 대학을 더 만들자"는 논리에 △교지 △교사 △교원 △수익용 기본재산만 갖추면 대학을 설립할 수 있는 준칙주의가 도입됐다. 지금 보면 황당할 정도로 근시안적인 이 제도로 인해 2011년까지 60개가 넘는 대학이 생겼다.

'교육부 선배님들'은 대학 설립문만 열었지 관리 감독은 뒷전이었다. 오히려 일부 관료는 '교피아'(교육부 마피아)란 말이 나올 정도로 대학을 권력의 발판 삼아 뇌물을 받는 등 기생했다. 덕분에 부패 사학들은 더욱 세를 불렸다.

2000년대 들어서는 초저출산 시대가 열렸다. 계속 많을 줄 알았던 학생 수가 '반타작' 났다. 지금 40대 초반이 대학수학능력시험을 본 2000년 즈음엔 응시자 수가 87만 명에 달했다. 2020년 지난해는 43만 명이 안 된다. 올해 지방대들은 그 타격을 온몸으로 받았다. 2년 전 7,400명 수준이던 미충원 규모가 올해 4만 명대로 급증하며 충원율이 70% 밑으로 떨어진 지방대도 나왔다.

지방대가 무너지면 연금을 낼 교직원이 줄어 가뜩이나 '2029년 적자설'이 나오는 사학연금도 흔들릴 수 있다. 쪼그라드는 인구, 쪼그라드는 대학과 국가의 미래를 보며 '교육부 선배님들'은 무슨 생각을 할까.

 위의 문제를 어찌 풀 것인가를 논하는 글:

3. 지방대학 위기, 왜 풀기 어려운 난제인가

  _ 권상집, 한성대 기업경영트랙 교수. 「오피니언뉴스」 2021. 5. 24.

교육부는 지난 20일 '대학의 체계적 관리 및 혁신 지원' 방안을 정부세종청사에서 발표했다. 재정에서 회생이 불가능한 대학은 폐교 명령을 내리고 그 외 대학은 혁신과 정원 감축을 적극적으로 유도한다는 게 교육부의 지침이다. 문제는 폐교 및 정원 감축에 가장 민감한 대학이 유독 지방대학에 집중되고 있다는 점이다. 총장이 와서 대학의 특성화 방향을 설정하면 된다는 조언부터 카이스트, 포항공대, UNIST 등 지방의 연구 중심 대학들이 여전히 경쟁력을 유지하고 있기에 교육 투자를 강화하면 지방대도 충분히 경쟁력을 갖출 수 있다는 얘기다. 그러나 이는 이른바 '서울 집중 현상'을 감안하지 못한 이상적인 대안일 뿐.

대한민국의 모든 포커스가 서울로 집중되는 현상에서 서울로 편입하는 학생들을 탓하기도 어렵다. 주요 기업이 모두 서울에 있고 인프라가 수도권에 깔려 있는데 정부가 이를 외면하고 지방 대학에게 경쟁력 강화를 주문한들 백약이 무효하다. 지방 도시의 인프라 조성과 경쟁력을 위해 국내 주요 기업들에게 어떤 인센티브를 줄지 고민해야 한다.

도시 경쟁력을 외면하고 지방대 경쟁력 촉진을 논하는 건 그래서 탁상공론에 가깝다. 지역 격차를 메우지 못한다면 지방대 위기는 조만간 지방 도시 전 방위로 확산될 것이다.

4. 〈아침을 열며〉 어느 누구도 대학에는 관심조차 없다

_ 김도현, 국민대 경영학부 교수. 2021. 6. 8.

코로나와의 혈투 1년 반, 상반기까지 1,300만 명 이상의 성인 인구가 백신을 접종하게 될 것이라는 예측이 나오고 있고, 초·중·고 교사들에게 화이자나 모더나와 같은 mRNA 백신을 접종, 대면 수업을 진행할 수 있을 것이랍니다(초·중·고 대면 수업이 불안하고 위드 코로나 대책이 무너지며 악화 중이다. …).

그러나 아무런 대책도 예측도 없이 여전히 회복이 불투명하기만 한 분야가 하나 있습니다. 지금 대학 교육 현장은 비명 없이 처참합니다. 경험이 부족한 교수와 대학이 비대면 수업을 위해 나름의 안간힘을 쓰고 있지만 캠퍼스에서 실

험 실습과 토론, 동아리 활동, 국제 교류, 동료나 교수와의 깊은 대화는 더는 찾아볼 수 없습니다.

흔히 말하듯 대학의 존재 이유가 다양하고 입체적인 경험을 통해 세계를 보는 넓고 깊은 사고능력을 기르도록 하는 것이라면, 존재 이유 자체가 훼손되는 중입니다. 등록금 반환 요구가 두려워 쉬쉬하고 있지만 학생들이 입은 피해가 평생 상당한 영향을 미칠 것이라는 점은 비밀이 아닙니다. 물론 이것은 사회적 손실이기도 합니다. 해외의 대학들이 감염 위험을 견디면서도 교문을 열고, 학생들에 대한 백신 접종을 최우선순위에 둔 것은 제법 합리적인 이유가 있습니다.

… 안 그래도 빈약한 재정 탓에 우리나라 대학들의 세계적 경쟁력이 지속 퇴보하고 있는 요즘, 경쟁 가운데 우리나라만 비대면 대학 교육이 2학기까지 이어지는 망신만큼은 피할 수 있으면 좋겠습니다. 관계 당국의 관심을 부탁드립니다.

5. 미달 사태는 지방 소멸의 국가 문제… 특별 회계 짜야: 장제국
　　사립대총장협 회장의 지방대 대책

_ 오영환, 「중앙일보」 2021. 5. 28.

지방대 미달 사태는 국가의 의지 없이는 해결이 불가능하다고 강조했다. 균형 발전의 관점에서도 2021년 문제는 조명되어야 한다. 현장에선 지방대의 현주소를 어떻게 보고 있을까. 어떤 대책과 제언 사항을 갖고 있을까. 전국 153개 사립대가 회원인 한국사립대학 총장협의회 장제국 회장(동서대 총장)을 25일 만나 얘기를 들어보았다.

"올해 전체 대학의 신입생 미충원 인원(4만 586명) 중 무려 75%(3만 458

명)가 비수도권 대학이다. 인구 추이를 보면 상황은 더 심각해질 것이다. 이번 미달 사태는 지역대가 뭘 특별히 잘못해서가 아니다. 급격한 인구 감소, 수도권 집중 현상 등 국가가 초래한 문제이다. 이를 모두 지방대 부실로 책임을 씌우는 것은 공정하지 못하다. 국가의 의지 없이는 해결이 불가능하다.

13년째 지속한 등록금 동결은 대학 재정을 이미 바닥나게 했다. 2011년 대비 2019년 사립대의 등록금 인하 비율은 24.8%에 이른다. 이 기간 누적 감소액은 약 8조 9천억 원이다. 지역대 위기는 지방 소멸로 가는 심대한 국가적 문제이다. 지역의 교육력 저하·경제 쇠락, 젊은 인구의 수도권 유출 가속화 등 악순환의 고리가 이어진다. 각종 규제에 묶여 자구책도 제대로 모색해보지 못한 사이 학령인구 급감과 수도권 집중이 빚은 삼각파도가 사정없이 덮쳐버렸다. 우리 고등교육은 사립대가 80% 이상을 맡고 있고, 그 절대다수가 지방에 있다.

이제 정부의 역할은 간섭이 아닌 사립대학 진흥에 초점을 맞춰야 한다고 본다."

"지난 20일의 정부 대책에서 대단히 아쉬운 정책 미비점이 바로 청산 대학의 퇴로 방안이 담겨 있지 않다는 것이다. 스스로 정리하고자 하는 대학은 퇴로를 열어줘야 한다. 청산 재산은 설립 주체에게 적정 수준으로 반환하고, 각종 청산 비용으로 활용하게 해야 한다. 일부에서 사회적 합의가 이뤄지지 않아 난색을 보이지만, 퇴로가 만들어지지 않으면 그 대학은 다양한 방법으로 계속 남게 될 것이고, 그것이 오히려 더 큰 사회적 비용이 된다는 점을 알아야 한다."

6. SKY 정시 지원, 82% 늘었다··· 더 커진 대학 양극화

_ 최만수, 「한국경제신문」 2022. 1. 13.

2022학년도 대입 정시모집에서 서울대, 연세대, 고려대 등 서울 주요 대학 지원자가 50% 급증한 것으로 나타났다. 지방대학들의 대규모 미달 사태는 올해도 반복될 것이란 우려가 커지는 가운데, 이른바 '인서울' 대학에만 지원자가 몰리는 양극화 현상이 극심해지고 있다는 분석이 나온다.

13일 종로학원과 입시 업계에 따르면 올해 수도권 주요 21개 대학의 인문계 정시 일반전형 지원자는 6만 492명으로 작년(4만 413명)보다 49.7% 증가해 5년 내 최고 증가율을 기록했다. 서울대, 연세대, 고려대의 합산 지원자는 8,115명으로 전년 대비 82.5% 늘었다.

지방대와 전문대들은 올해도 대규모 미달 사태를 피하지 못할 것으로 보인다. 올해 정시모집 평균 경쟁률이 3 대 1 미만인 대학 59곳 중 49곳이 지방 소재 학교인 것으로 나타났다. 정시모집은 원서를 가·나·다군에 한 번씩 세 번 쓸 수 있기 때문에 경쟁률이 3 대 1을 넘지 못하면 사실상 미달로 간주한다.

7. 작년 9곳·올해 16곳… 지방대 미달 사태 확산

_ 전형민, 박동민 기자, 「매일경제」 2022. 1. 16.

부산에 위치한 신라대는 2022학년도 신입생 정원을 15% 줄인다. 신입생 충원율이 70%에 미치지 못하는 학과·학부를 통폐합하고 폐과도 결정했다. 재정지원 대학에서 탈락한 전남도립대는 16일 입학정원 30%를 감축하고 4개 학과를 통폐합하는 내용의 구조조정을 시행한다. 차별성이 없는 경찰영호과·유아교육과·보건의료과·산업디자인과 등을 폐지하고 전남 지역 특성에 맞는 귀농·귀촌 관련 학과를 새로 만든다. 이 같은 구조조정을 통해 입학정원을 현행 645명에서 450명으로 줄인다.

종로학원에 따르면 2022학년도 경쟁률을 공개한 전국 179개 일반대 정시 지원 결과 대구예대 등 전국 지방대 16곳이 정원에 미달됐다. 정시 지원 미달인 지방대는 2020학년도 7곳이었으나 작년에는 9곳으로 늘어났고, 올해는 더 크게 증가한 것이다.

여기에 수도권 대학의 정시모집 추가 합격자 발표가 시작되면 등록을 포기하는 지방대 지원자가 더욱 늘어날 전망이어서 입학정원을 채우지 못하는 지방대는 더욱 증가할 것. 지방대는 재정의 대부분을 등록금에 의존하는 만큼 위기감이 더욱 고조되고 있다.

8. 이필상 "학령인구 감소 시대, 사학 설립자 퇴로 열어줘야"

_ 신하영. 「이데일리」 2022. 1. 10.

- [신년 인터뷰] 이필상 서울대 특임교수 · 고려대 전 총장
- **"학문 교육 · 직업 교육 이원화된 독일 모델로 교육 개혁" 제언**
- "정부 지원 · 겸직 확대 등으로 인공지능 교수 자원 확보해야"
- "대학 구조조정 불가피… 학과 개편, 재교육으로 수요 창출"

"대학이 과잉 공급된 상황에서 규제로 퇴로까지 막고 있습니다. 학령인구는 매년 줄고 있는데 퇴로까지 막아버리면 교육도 죽고 대학도 죽고 학생만 피해를 보게 됩니다."

이필상 고려대 전 총장(서울대 경제학부 특임교수)은 10일 이데일리와의

인터뷰에서 대학 구조조정 과정에서 퇴로를 열어 주는 '출구전략'이 필요하다고 강조했다. 학령인구 감소로 지난해에 이어 올해도 대학들의 학생 충원은 녹록지 않을 전망이다. 작년에는 대학·전문대학 미충원 결원이 4만 명을 넘었다. 이대로 가면 문 닫는 대학이 속출할 수 있다.

하지만 현행 사립학교법은 대학 청산 시 잔여재산을 국가·지방자치단체로 귀속하도록 규정, 퇴로를 막고 있는 모양새다. 이 전 총장은 "잔여재산은 대학 구조조정에 대한 인센티브로 생각하고 설립자가 회수할 수 있게 해야 한다"고 말했다.

9. "서울대 학부 없애야 지방대 살아" … 서울대 내부에서 터져 나온
   서울대 폐지론: 조영달 서울대 사회교육과 교수

   _ 문가영. 「매일경제」 2022. 1. 10.

- 상위권 30~40개 대학 학부 폐지 주장. "지역 소멸 막으려면 대학 서열 없애야."
- 수도권 대학 연구 중심으로 개편. "글로벌 연구 경쟁력 강화해야."
- 尹 캠프 정책본부에 전달. "6월 서울 교육감 출마할 듯."

입시 경쟁 과열, 연구 경쟁력 저하, 지방대 소멸 등 교육계가 직면한 위기를 타파하기 위해 서울대를 비롯한 주요 상위권 30~40개 대학의 학부를 폐지하는 방안이 제시됐다. 제안자는 윤석열 당시 국민의힘 대선후보 캠프의 교육정상화본부장인 조영달 서울대 사회교육과 교수로 해당 제안은 최근 캠프 내 정책본부에 전달됐다.

개선책으로 제안하는 것이 지/사/대는 학부생들을 교육시켜서 서울로

대학원생들을 진상하라는 뜻인지 박스기사 내용만으로는 확실한 중심을
알 수 없어 보인다.

⑥, ⑦에서는 지/사/대 사태 악화를 잠시 일별하고, 다음 ⑧, ⑨에서
바로 집중한다.

⑥

2022학년도 대입 정시모집에서 서울대 연세대 고려대 등 서울 주요
대학 지원자가 50% 급증한 것으로 나타났다. 지방대학들의 대규모 미달
사태는 올해도 반복될 것이란 우려가 커지는 가운데, 이른바 '인서울' 대
학에만 지원자가 몰리는 양극화 현상이 극심해지고 있다는 분석이 나온다
(최만수, 「한국경제」 2022. 1. 13.).

⑦

부산에 위치한 신라대는 2022학년도 신입생 정원을 15% 줄인다. 신입생
충원율이 70%에 미치지 못하는 학과 · 학부를 통폐합하고 폐과도 결정했다.
재정지원 대학에서 탈락한 전남도립대는 16일 입학정원 30%를 감축
하고 4개 학과를 통폐합하는 내용의 구조조정을 시행한다(전형민, 박동
민, "작년 9곳, 올해 16곳… 지방대 미달", 「매일경제신문」 2022. 1. 16.).

⑧

"학문 교육 · 직업 교육 이원화된 독일 모델로 교육 개혁" 제언(이필상
전 고려대 총장). 하지만 현행 사립학교법은 대학 청산 시 잔여재산을 국가 ·
지방자치단체로 귀속하도록 규정, 퇴로를 막고 있는 모양새다. 이 전 총장
은 "잔여재산은 대학 구조조정에 대한 인센티브로 생각하고 설립자가 회

수할 수 있게 해야 한다."* 이것은 괜찮은가? 다음과 같은 문제가 우려된다.

위처럼 퇴로가 막힌 문제는 이미 ①과 ⑤에서도 반복하여 지적되었던 바이며, 지/사/대의 [교원-학생-기본재산] 삼립에서 남은 바 기본재산 문제라고 짚은 것이다.

여기서 그 문제를 세분화하여 정리한다. 실제 퇴로정책을 더 상론하였을 수 있으나 그냥 박스 내용처럼 시행하면 지/사/대의 몰살을 아래처럼 예견하게 된다. 자꾸 줄어드는 학생 수로 하루하루 근심이 피를 말리고 답은 없는 채 쌓이고 심한 스트레스를 유발한다.

너무 귀찮다. 이럴 필요 없다. 아예 짐을 다 벗어버리자. 이러면 지/사/대 뿌리는 끝이다. 그렇다고 피해의식의 알맹이가 해결될 기미도 없다. 퇴로정책을 아래의 예처럼 조정하여 선진 대학들이 탄생하도록 강력하게 추진한다.

(1) 각 지역마다 '거점 지/사/대'를 정하고 학생-교원 협력체를 결성한다. 나머지 2~3개의 지/사/대에 출구전략을 추진한다. 잔여 재산들을 처분하고, '거점 지/사/대' 육성용 기본재산 수백에서 수천억 원을 조성한 후 잔여분을 출구전략 지/사/대 설립자 제안서의 적정성을 조사, 조정, 정리한 방법으로 배분한다. 국가의 장려금 수천억 원을 예비비로 확보한다(출구전략 대상의 지/사/대가 많은 지역에서는 잉여금 수천억 원을 장려금화하는 방식으로 대학 소유자의 몫을 확대한다. 지역의 특수성을 감안한 직능별 초급대학 계획도 접수한다).

(2) '거점 지/사/대'들은 지방 명문대학화 계획을 제시하고 연구 중심이 되며,

* 신하영, 「이데일리」 2022. 1. 10.

대학원들이 서울 지역과 경쟁토록 모든 국/학/민의 노력을 끌어모아 전통적 선진 대학들로 탄생한다.

(3) 서울대와 서(울)/사/대의 폐지된 학과의 유명 교수들을 지방으로 유치한다. 정책을 반드시 성공시키기 위하여 조성되는 '거점 지/사/대' 교원들의 연봉 보너스를 50% 이상 조정하여 전직을 활성화한다. 학생을 위한 장학제도를 함께 대폭 신장하여 지방 명문대, 명문학과, 유명 교수 지도 학생이라는 긍지를 꽃피운다.

(4) '거점 지/사/대'들을 지역별 경쟁 모드로 관리한다. 서울에서 먼 거리 '거점 지/사/대'들에게 우선권, 보너스 등을 장려하여 지방의 문화 창달에 적극적인 조직으로 성장시킨다.

이상과 같이 선진 거점 지/사/대들이 탄생하면 ⑨의 서울 지역 대학들과 공정 경쟁 전통을 진작시켜 서울과 지방의 활발한 교류와 경쟁으로 지역 차별의 뿌리를 뽑고, 전국 선진 대학 시대, 선진국 시대의 21세기를 맞는다.

새로운 생각과 능력으로 이합집산하는 교수들, 참여한 학생들과 합력한 새 학과가 공유하는, 긍지의 꽃들이 만발해야 하며, 이렇게 선진 시대의 새 학과를, 선진 '거점 지/사/대'들을 탄생시킬 것이다(⑦처럼 바람직하지 못한 통폐합들이지만 이미 나름대로 이루어지고 있다).

이러한 종합 가이드라인을 정부가 세운다. 정부는 전국의 여러 대학이 합작한 회생 계획서를 심사, 길을 열어야 한다!

교육부는 이렇게 대학 교육 선진화의 비전을 가진 창조적 방안을 제시하여야 한다!

⑨

서울대를 비롯한 주요 상위권 30~40개 대학의 학부를 폐지하는 방안이 제시됐다. 제안자는 윤석열 국민의힘 대선후보 캠프의 교육정상화본부장인 조영달 서울대 사회교육과 교수로 해당 제안은 최근 캠프 내 정책본부에 전달됐다.*

지금 이렇게 악화하는 대학이란 교육 체제에서 선진 '거점 지/사/대'들이 탄생하면 서울 지역 대학들과 함께 역설적인 전국의 선진 교육화 역사가 핵심 요소로 등장하는 선진 국가를 건설한다.

> 선진 대학 문화에 기초한 선진 국가 전국 계획은 오랫동안 왜곡된 초중등교육의 병폐도 빠른 시간 안에 시정하게 될 것이다. 전국의 지역 평준화 거점 지/사/대 문화가 정착되는 시대에는 대학 입시 서열화의 주범으로 왜곡된 현재의 중등교육을 뿌리째 변신시키는 원동력으로 작용할 것이다.

지나간 시대의 대학은 우골탑이었다. 졸업장 백화점이었다. △교지 △교사 △교원 △수익용 기본재산 '대학설립준칙주의' 정책의 실패를 안고 죽음으로 내몰린 대학들이 우리 사회까지 역사의 시궁창으로 내모는 비상사태가 발생했다. 궁하면 통하는가? 이제 전국의 지역 평준화 '거점 지/사/대' 문화의 선봉에 서서 선진국을 향한 새로운 생명을 꽃피우지 않겠는가? 죽음이 플라톤의 동굴을 암흑으로 채웠는데 회생의 빛이 우리를 이끈다. 이제 그 동굴 밖 길로 나서며, 오랫동안 동굴 안팎을 잇던 불신의 교량을 불사르고 신뢰와 창의의 선진 사회로 가는 길을 꿈꾼다.

이공계만 보자는 게 아니다. 푸른 신호는 인문사회학 분야도 마찬가지이다. 하지만 이공계인 나의 한계가 뻔하니 작은 예를 들 뿐이다.

---

* 문가영, 「매일경제」 2022. 1. 10.

흥미로운 예로서 안동의 도산서원에 가면 퇴계 이황 선생이 쓰신 유품을 전시한 옥진각이 있다(우측 사진). 거기엔 벼루, 투호, 혼천의 등이 있다. 사실 혼천의는 카피본이고, 400여 년 전의 원본은 없다. 20여 년 전 내가 찍었던 사진이 원본인데 구석을 살피면 부서진 댓가지들을 모아 놓은 구석은 있었다. 퇴계의 혼천의 사진을 보면, 댓가지들을 얽은 구형에 한지를 바른 후 붓 뚜껑으로 별자리들을 곳곳에 표하였다. 주리론의

퇴계는 밤마다 천문 공부도 하셨다. 인문과 이공을 분리하지 않았다(겨울철 내 학생들의 MT를 400년 전 이공 인문 도장에서 하였다).

오늘의 인문계도 무엇을 못 하랴! 이 생각을 펼쳐서 푸른 신호등을 밝힌다. 그런 열린 비전에서 탐구하는 정신이 선진을 앞지를 수 있고 학생들의 눈이 빛날 것이다.

포항공대는 기적같이 왔다. 사실은 신뢰와 창의를 위해 수없이 땀을 흘렸다. 개교 이후 20~30년쯤 과거의 발자국과 미래의 그림도 함께 소환하였다.

포항공대사를 정리한 "10년사", "20년사"라는 정사도 두껍게 존재하지만, 삼국사기보다는 속 삼국유사를 쓰겠다는 생각으로, 한 세대의 파노라마를 윗글 조각처럼 학생과의 대화도 섞은 실화들을 가감 없이 엮었다. 하나의 새로운 대학이 흥하고 또 망조도 드는 역사의 간접 경험을 제공함으로 대학 개혁이 피해야 할 좌충우돌의 길목들을 볼 것이다.